DELIA ADEY & ERIKA PETO

DAMENHÖSCHEN SELBST NÄHEN

VON SÜSSEN BOXERSHORTS BIS ZU FRECHEN TANGAS

LEOPOLD STOCKER VERLAG

GRAZ – STUTTGART

SINGER

Inhalt

Einleitung

Schlüpfer, Unterhose, Panties, Haremshose, kurze Hose, Shorts, Slip, Tanga, String – im Laufe der Geschichte traten sie in immer wechselnden Namen und Formen auf, änderten sich in Schnitt und Stil mit der Mode und den erhältlichen Stoffen. Für unser kleines Büchlein haben wir unsere Lieblingsschnitte und kessen Stile herausgepickt, die Sie zuhause mit wenig Aufwand selbst nähen können.

Das Schneidern von Unterwäsche bringt seit jeher eine gewisse mysteriöse Aura mit sich, aber in Wahrheit sind es einfach nur Höschen ... Und das sind niedliche kleine Nähprojekte. Wir hoffen, die Unterwäsche zu entmystifizieren und Ihnen Freude am Nähen von Slip und Co zu bereiten!

Die Autorinnen dieses Buchs leben und wirken in Großbritannien, wo es in Bezug auf Kleidung auch einige sprachliche Eigenheiten gibt. Wussten Sie, dass „Knickers", der klassische britische Terminus für Damenunterhöschen, auch eine Konnotation für Rüschen, Frivolität und Spaß in sich trägt? Außerdem ist es auch ein Ausruf, der den Briten dann über die Lippen kommt, wenn die Dinge nicht so laufen, wie geplant!

Wir wünschen Ihnen viel Freude beim Nähen – und natürlich noch mehr beim Tragen!

Flo-Jo
Flo-Jo

BEVOR SIE beginnen

Materialien

BEVOR SIE SICH AUF IHRE PERSÖNLICHE UNTERWÄSCHE-REISE BEGEBEN, MÜSSEN SIE EINE AUSWAHL TREFFEN: AUS WELCHEM STOFF WERDEN SIE IHRE HÖSCHEN NÄHEN?

Für die Höschen in diesem Buch werden verschiedene Stoffe verwendet und die Anleitungen und Schnittmuster, denen Sie folgen, werden Sie leiten. Wir geben auch Stoffalternativen an, die Sie verwenden können. Damit Sie eine fundierte Entscheidung treffen können, finden Sie hier eine Übersicht geeigneter Stoffe und Materialien.

Baumwollwebware

Baumwolle ist ein natürlicher, gewebter Stoff, was bedeutet, dass das Gewebe aus Kettfaden und Schussfaden entsteht. Der Kettfaden ist der vertikale Faden, während der Schussfaden horizontal von einer Seite zur anderen verläuft. Die Kante, an der der Schussfaden gewendet wird, ist die Webkante, die nicht ausfransen kann. Baumwolle dehnt sich nicht, wenn sie der Länge nach gezogen wird, gibt aber ein bisschen nach, wenn sie diagonal, also schräg zum Fadenlauf, gezogen wird. Diese Art des Zuschneidens nennt man „im Schrägschnitt zuschneiden"

Baumwollbatist

Baumwollbatist ist ein glattes, feinfädiges Gewebe in Leinwandbindung, das durch das Verweben vieler feiner Fäden entsteht und sich seidig-weich anfühlt. Er ist wunderbar leicht und perfekt als Stoff für Unterwäsche geeignet, da er sich zwar wie Seide anfühlt, aber leichter zu verarbeiten ist.

Seide

Seide nennt man die Faser, die von einer Raupe gesponnen wird. Die bekannteste Seide wird vom Maulbeerspinner *(Bombyx mori)* gesponnen, der für die Stoffindustrie in Gefangenschaft gezüchtet wird. Die Tiere sind Mottenlarven. Seide kommt ursprünglich aus Asien, wo sie auch heute noch hergestellt wird. Sie wurde seit jeher als Luxusartikel gehandelt und erfreute sich bei Königshäusern und Reichen größter Beliebtheit. Seide ist ein angenehmer, atmungsaktiver Stoff, der sich luftig und weich auf der Haut anfühlt.

Es ist allerdings ein bisschen knifflig, mit ihr zu nähen, weil sie beim Zuschneiden gerne wegrutscht und sich verzieht. Wenn Sie im Nähen schon geübt sind, ist Seide einen Versuch wert, weil Sie damit bezaubernde Ergebnisse erhalten können.

Baumwoll-Stretchjersey

Jersey ist eine Maschenware, die ursprünglich aus Wolle war, heute aber aus einer Kombination aus Wolle, Baumwolle und Synthetikfasern hergestellt wird. Er wurde im Mittelalter zuerst auf der Insel Jersey (Kanalinseln) erzeugt. Weil die Fäden gestrickt und nicht gewebt werden, entsteht ein dehnbarer Stoff. Er wird oft verwendet, um T-Shirts zu nähen, und ist Grundinhalt des modernen Kleiderschranks geworden.

Durch den Zusatz von Elasthan wird Jersey noch dehnbarer. Unterhöschen werden am besten aus bi-elastischem Jersey mit Elasthananteil genäht. Ob Ihr Stoff Elasthan enthält, können Sie herausfinden, indem Sie ihn mit Ihren Händen auseinanderziehen und fühlen, wie gut er wieder in die alte Form zurückfindet. Je elasthanhaltiger der Stoff ist, umso besser und fester sitzt Ihre Unterwäsche! Aus Stretchjersey lässt sich sehr bequeme Unterwäsche nähen – und der Stoff ist unser moderner Liebling.

Ziehen und fühlen!!

WENIG ELASTHAN – GROßE WIRKUNG! UM HERAUSZUFINDEN, OB EIN STOFF ELASTHANHALTIG IST, KÖNNEN SIE DIE FOLGENDEN STRETCH-TESTS DURCHFÜHREN.

NICHT FORMSTABIL
Erreicht nicht wieder die Ursprungsform (kein Elasthan)

LÄNGS- ODER QUERELASTISCH
Erreicht quer zum Fadenlauf die Ursprungsform (enthält Elasthan)

BI-ELASTISCH
Erreicht längs und quer zum Fadenlauf die Ursprungsform (enthält Elasthan)

Elasthan ist eine Synthetikfaser, die mit vielen anderen, sowohl natürlichen als auch synthetischen, Stoffen gemischt werden kann: Wolle, Baumwolle, Nylon und Polyester. Es hat die Kleidungsindustrie, allen voran die Herstellung von Sportkleidung und Unterwäsche, revolutioniert. Es ist ideal geeignet für körperbetonte, eng anliegende Kleidungsstücke – und für bequeme Unterhöschen.

Bündchen und Gummibänder

Alle Höschen müssen mit einem Bündchen oder einem Gummiband versehen werden, um Halt zu haben und gut zu sitzen.

Unterhöschen aus nichtelastischen Stoffen, wie etwa Baumwollwebware, brauchen ein elastisches Bündchen um die Hüfte und – bis auf Damenboxershorts – auch am Beinausschnitt. Für das *Baumwollhöschen* und das *Süße Schleifchen* in diesem Buch haben wir einen etwa 1 cm breiten Wäschegummi verwendet. Die Hälfte des Gummibands wurde zu einer Rüsche oder einer Schlinge genommen, die am Saum des Höschens sitzt, um als dekorative Borte zu dienen. Wir haben für Hüfte und Beinausschnitt ein Gummiband in derselben Breite verwendet, aber Sie können hier variieren, um verschiedene Looks und Designs zu schaffen.

Wenn Sie Höschen aus Stretchstoffen nähen, können Sie ebenfalls Wäschegummi verwenden oder sich aber auch für die dekorativere elastische Spitze entscheiden. Elastische Spitze ist nicht so dehnbar wie Gummiband, da aber der Stoff der Körperform schön folgt, muss das Bündchen nicht so fest sitzen wie das Gummiband einer Baumwollunterhose. Das Ergebnis ist ein höherer Tragekomfort. Elastische Spitze gibt es in den verschiedensten Breiten ab 1 cm bis hin zu 20 cm. Wir verwenden bei unseren Höschen eine Breite von 4 cm. Dass die Spitze den Saum überlappt, ist wiederum ein dekoratives Element des Kleidungsstücks. Elastische Spitze ist auch als Borte in den verschiedensten Formen erhältlich, etwa in Bögen oder als Muschelsaum, was sie natürlich zum Designelement macht.

Die richtigen Abschlüsse zu finden, kann Spaß machen, manchmal aber auch zu einer scheinbar unendlichen Geschichte werden! Wir halten immer Ausschau nach neuen und alten Spitzen und wir haben eine gute Auswahl in unserer Flo-Jo-Boutique. Wir sind immer auf der Suche nach ungewöhnlichen und alten Stücken auf Antiquitätenmessen und -märkten. Anders als Spitze hat Gummiband nur eine gewisse Lebensdauer und wird unglücklicherweise mit der Zeit brüchig, also seien Sie achtsam und prüfen Sie die Dehnbarkeit Ihres Gummibands, wenn Sie originale Vintage-Bänder kaufen!

Nähzeug

DAS EQUIPMENT ZUM NÄHEN VON UNTERHÖSCHEN IST WEDER SELTEN NOCH UNGEWÖHNLICH; WAHRSCHEINLCIH HABEN SIE SCHON ALLES, WAS SIE BRAUCHEN, ZUHAUSE, WENN SIE SCHON EINMAL GENÄHT HABEN.

Für die sechs Projekte in diesem Buch brauchen Sie zwar eine Nähmaschine, aber Sie brauchen keine extrateure oder spezielle Maschine. Der einzige Stich, den Sie, abgesehen vom Geradstich, noch brauchen, ist der Zickzackstich, der eine Schlüsselfunktion beim Nähen elastischer Materialien innehat und damit auch überlebenswichtig ist, damit Sie Ihre Höschen nicht verlieren! Die meisten modernen Maschinen, die nach 1950 gebaut wurden, haben einen Zickzackstich, während handbetriebene Maschinen meistens noch keinen haben.

Zusätzlich zu Ihren Stoffen, Gummibändern, Spitzen und Borten brauchen Sie eine scharfe Schere oder eine Schneiderschere, Garn und Stecknadeln. Eine Zickzackschere ist nützlich, um ein Ausfransen der Stoffe nach dem Zuschneiden zu verhindern. Was Sie nicht brauchen, ist ein riesiges Nähzimmer – die Höschen haben eine angenehme Größe, um mit Ihnen zu arbeiten, sodass Sie auch gar nicht viel Platz brauchen.

Das Nähen der Höschen

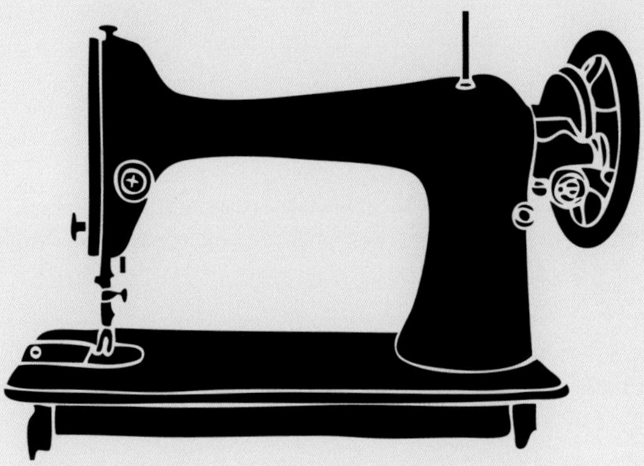

BAUMWOLLHÖSCHEN

DURCH DIESES SCHNITTMUSTER ENTSTEHT EINE MODERNE UND KLASSISCHE FORM, DIE AUF DEN HÜFTEN SITZT UND DAS GESÄẞ BEDECKT. WENN SIE IHRE EIGENE KLEIDUNG NÄHEN, WERDEN SIE IMMER EIN PAAR STOFFRESTE ÜBRIG HABEN, AUS DENEN SIE SCHNELL UND KOSTENGÜNSTIG EIN PASSENDES HÖSCHEN NÄHEN KÖNNEN. ES EIGNET SICH PERFEKT, UM UNTER EINEM SOMMERKLEID GETRAGEN ZU WERDEN – EIN WINDSTOẞ KANN IHNEN SO NICHTS ANHABEN!

WIR SCHNEIDEN DIESES HÖSCHEN IM SCHRÄGSCHNITT (ALSO IM 45-GRAD-WINKEL ZUM FADENLAUF) ZU, DAMIT ES EIN BISSCHEN LEICHTER UND BEQUEMER SITZT. LEICHTER BAUMWOLLSTOFF IST PERFEKT FÜR UNERFAHRENE WÄSCHE-SCHNEIDERINNEN, WEIL ER SICH LEICHT NÄHEN LÄSST. DIE KANTEN WERDEN VON GERÜSCHTEM WÄSCHEBAND BEDECKT, WOBEI DAS ÄNDERN VON FARBE UND BAND DEN LOOK VÖLLIG VERÄNDERN KANN.

Sie benötigen:

50 x 55 cm Baumwollwebware (Popeline oder Batist)

15 x 10 cm Baumwolljersey für den Zwickel

2 m Wäschegummi, 1–1,5 cm breit, mit einer gerüschten oder gehäkelten Borte

50 cm Satinband, 9 mm breit, zum Verzieren

Zum Wäschegummi passende Nähseide

Zum Zwickel passender Unterfaden

Nehmen Sie sich Zeit zum Entspannen – und genießen Sie, wie Ihr selbstgenähtes Höschen unter Ihren Händen Form annimmt!

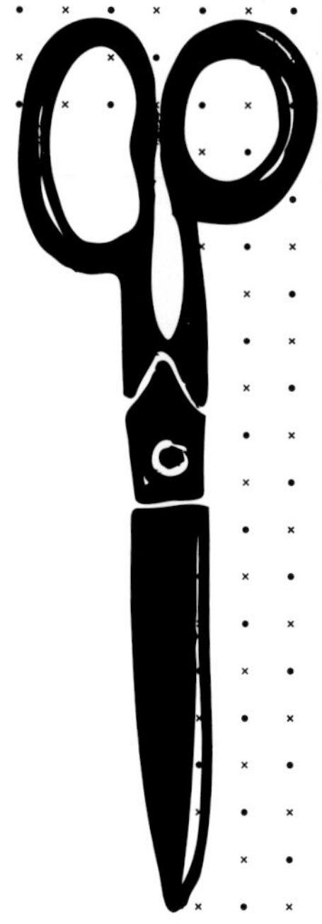

Zuschneiden des Stoffs

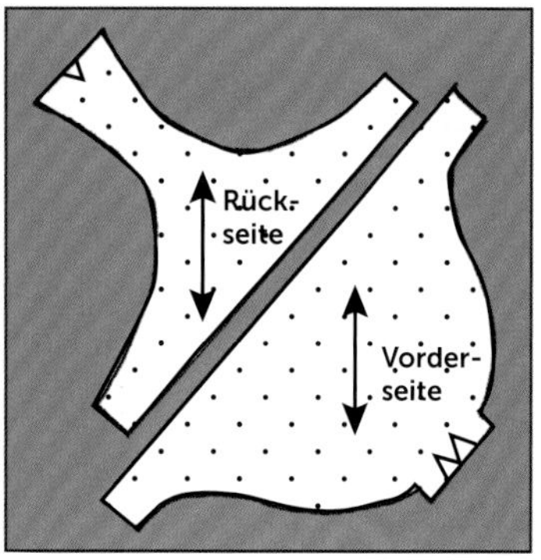

Pausen Sie den Schnitt in Ihrer Größe im Schnittteil ab und schneiden Sie das Papierschnittmuster zu. Sie finden alle Schnittbögen am Ende dieses Buchs. Achten Sie auf den Fadenlauf im Muster, um sicherzustellen, dass die Einzelteile des Schnittmusters schräg (im 45-Grad-Winkel) am Stoff zu liegen kommen. Verwenden Sie die Zickzackschere, falls Sie eine haben, und schneiden Sie den Stoff damit zu, sodass er nicht ausfranst. Schneiden Sie den Zwickel mit einer geraden Schere aus einem Stück Baumwolljersey zu.

LEGENDE:

Rückseite des Stoffs — Vorderseite des Stoffs — Schnittmuster

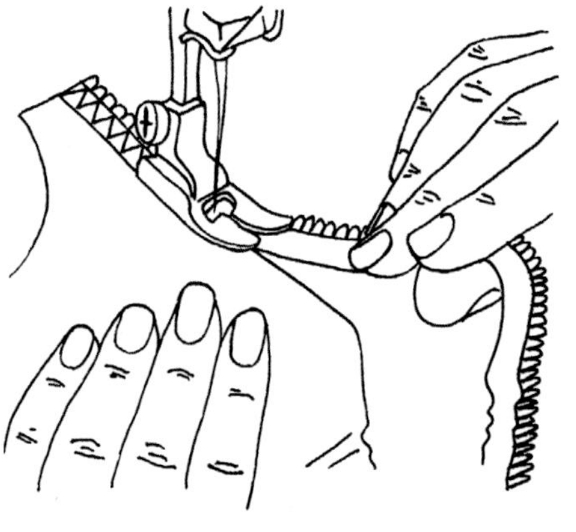

TIPP: ANNÄHEN VON WÄSCHEGUMMI

Üben Sie die folgende Technik mit einem Stoffrest und einem übriggebliebenen Stück Wäschegummi, um diesen gleichmäßig anzunähen: Legen Sie den Wäschegummi an die Kante des Stoffes, sodass alle Rüschen auf der Innenseite des Nähmaschinenfüßchens zu liegen kommen. Stellen Sie den Zickzackstich auf Ihrer Maschine ein und nähen Sie dann für ein paar Stiche rückwärts und dann wieder vorwärts, um das Gummiband zu befestigen. Nähen Sie im Zickzackstich über das Gummiband, halten Sie dieses gespannt, indem Sie es ein bisschen zu sich ziehen. Die Naht mit ein paar weiteren Rückwärtsstichen beenden. Wenn Sie diese Technik einmal beherrschen, nutzen Sie diese Methode immer, um das Gummiband gleichmäßig und ordentlich an Ihre Höschen zu nähen.

Anleitung

1. Stecken Sie die drei Teile des Höschens in folgender Reihenfolge zusammen: Zwickel, Rückseite, dann die beiden rechten Seiten zusammenheften, sodass die dreieckigen Markierungen übereinander zu liegen kommen. Legen Sie den gehefteten Stoff mit dem Zwickel nach unten auf die Nähmaschine und nähen Sie entlang der Kante mit 1 cm Nahtzugabe im Geradstich **(A)**.

2. Öffnen Sie die zusammengenähte Unterhose, bringen Sie den Zwickel an seinen Platz und heften Sie ihn mit Stecknadeln fest. Ihr unbearbeiteter Saum ist jetzt versteckt. Befestigen Sie den Zwickel, indem Sie mit 0,5 cm Nahtzugabe entlang der beiden Außenkanten nähen. Falls notwendig, schneiden Sie den Zwickel exakt auf die Höschengröße zu, um ein ordentlicheres Ergebnis zu erhalten **(B)**.

3. Wenn Sie das gleichmäßige Zusammennähen des Stoffs (siehe *TIPP: Annähen von Gummiband* auf Seite 12) beherrschen, können Sie Ihr Höschen nähen. Das Gummiband wird so auf die Vorderseite des Stoffs genäht, dass alle Rüschen nach außen zeigen und leicht über die Stoffkante schauen. Achten Sie darauf, dass der Teil mit dem Gummiband auf dem Höschen liegt. Beginnen Sie an einer Seite der Oberkante von der Vorder- oder Rückseite. Nähen Sie entlang der vier Seiten; starten und enden Sie dabei immer am Rand und schneiden Sie auch dort das Gummiband ab. Versehen Sie die seitlichen Ränder nicht mit Gummiband.

4. Legen Sie Vorder- und Rückseite entlang der seitlichen Nähte rechts auf rechts aufeinander und achten Sie dabei darauf, dass Gummiband auf Gummiband zu liegen kommt. Die Naht mit dem Geradstich schließen und an jedem Ende den Faden mit dem Rückwärtsstich befestigen **(C)**. Auf der anderen Seite wiederholen. Sie sollten nun ein Höschen genäht haben! Stellen Sie Ihre Arbeit fertig, indem Sie eine Schleife in das Satinband binden und diese vorne an der Mitte des Höschens annähen. Und nun gönnen Sie sich eine schöne Tasse Tee!

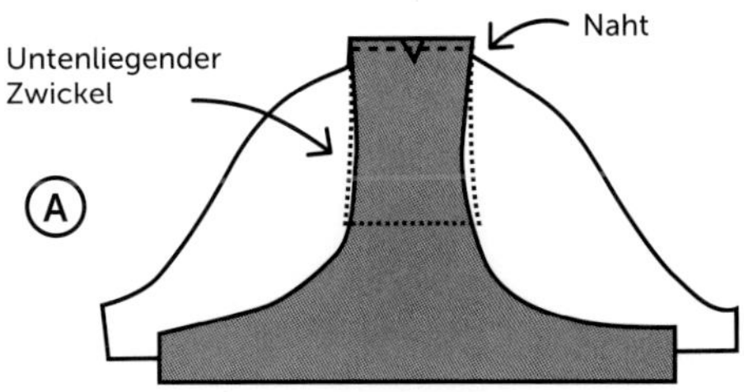

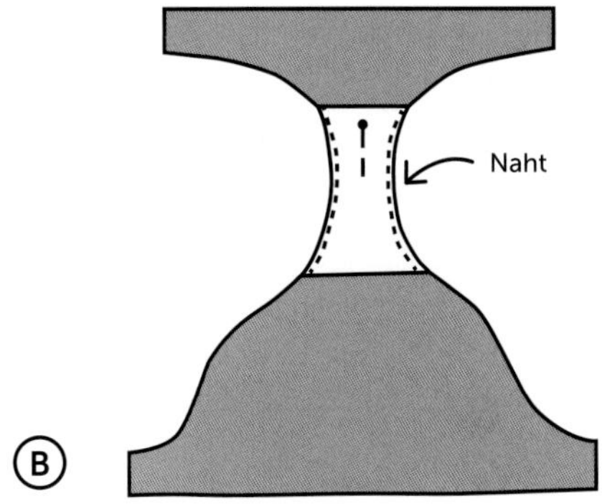

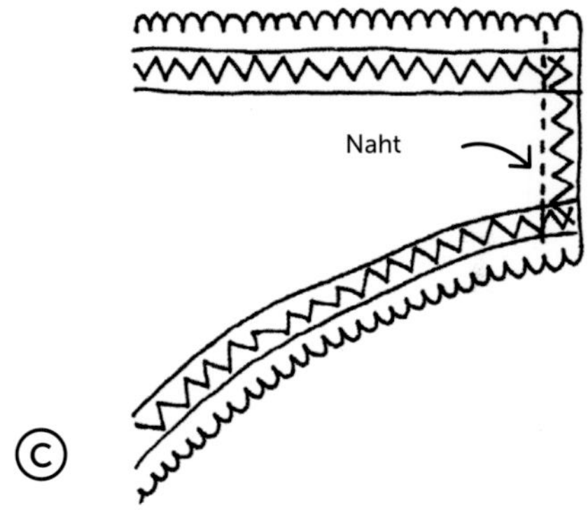

DAMENBOXERSHORTS MIT FRANZÖSISCHER NAHT

DIESE LOCKER SITZENDE KURZE HOSE WIRD EHER ALS SCHLAFGEWAND ODER ALS UNTERTEIL EINES SOMMERPYJAMAS GETRAGEN. SIE WURDE AUS WEICHEM, FLIEßENDEM BAUMWOLLBATIST VON LIBERTY OF LONDON GENÄHT. DIESE HOSENART WURDE IN DEN 1930ER- UND 1940ER-JAHREN ÜBER STRÜMPFEN UND STRUMPFHALTERN GETRAGEN, UND WER ES SICH LEISTEN KONNTE, VERWÖHNTE SICH MIT DEM LUXUS VON SEIDE. ALS MODERNE ALTERNATIVE EMPFEHLEN WIR DEN BAUMWOLLBATIST „LIBERTY'S TANA", WEIL ER SICH SO WUNDERSCHÖN WEICH ANFÜHLT UND EBENSO FÄLLT.

Sie benötigen:

1 m Baumwollbatist, mindestens 115 cm breit

2 m Spitze, 1–4 cm breit, abhängig vom gewünschten Design

1 m Gummiband, 1–1,5 cm breit, mit Rüschen- oder Häkelborte

1 m elastische Spitze, 2–4 cm breit

Vintage-Knöpfe und 50 cm Satinband, 5 mm – 2 cm breit, zum Verzieren

Zum Stoff und zum Gummiband passende Nähseide

Die Französische Naht verdeckt unbearbeitete Ränder ordentlich und bietet den zusätzlichen Vorteil, dass sie stärker ist als ein einfacher Saum. Sie ist perfekt für dünne, leicht ausfransende Stoffe, wie etwa Seide, geeignet.

Zuschneiden des Stoffs

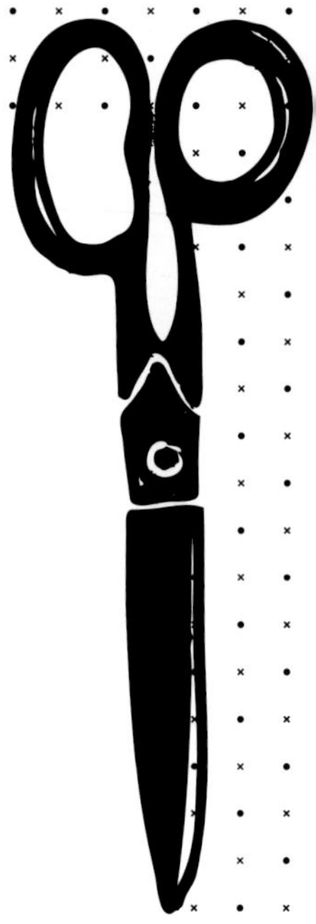

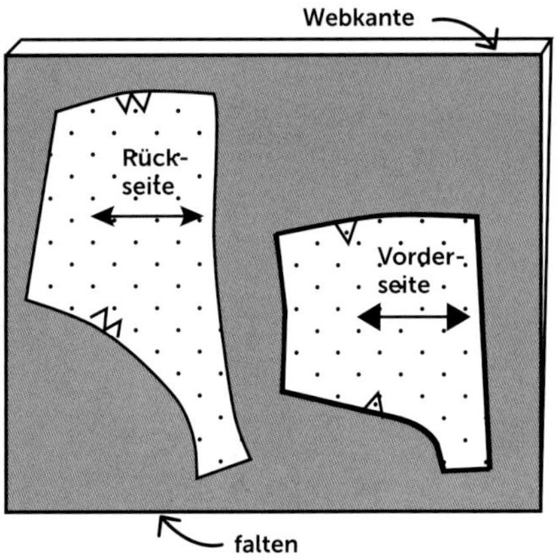

Schneiden Sie das Schnittmuster in der gewünschten Größe mithilfe des Schnittbogens und dem Schnittauflageplan zu. Sie finden alle Schnittbögen am Ende dieses Buchs. Achten Sie darauf, alle Markierungen des Schnittmusters auf Ihren Stoff zu übertragen

ZUSCHNEIDEN DES STOFFS

Rückseite des Stoffs	Vorderseite des Stoffs	Schnittmuster

Anleitung

1. Nehmen Sie eine Rückseite und eine Vorderseite und stecken Sie sie links auf links zusammen, sodass die Markierungen an den Seiten übereinanderliegen. Mit dem Geradstich und einer Nahtzugabe von 5 mm zusammennähen **(A)**. Dies ist der erste Schritt zu einer Französischen Naht, die Sie in Schritt 2 fertigstellen werden.

2. Die Naht flach bügeln und den Rand neben der Naht auf 3 mm zuschneiden. Als nächstes die Vorderseiten aufeinanderlegen, entlang der Seitennaht zusammenstecken und mit einer Nahtzugabe von 5 mm zusammennähen, um die Französische Naht fertigzustellen **(B)**. Die Naht flach bügeln und den Vorgang für das andere Bein wiederholen.

3. Ein Bein flach mit der Vorderseite nach oben hinlegen und entlang der Unterkante die Spitze anstecken, sodass die rechten Seiten aufeinander zu liegen kommen. Etwa 1 cm von der unbearbeiteten Kante des Stoffes annähen **(C)**.

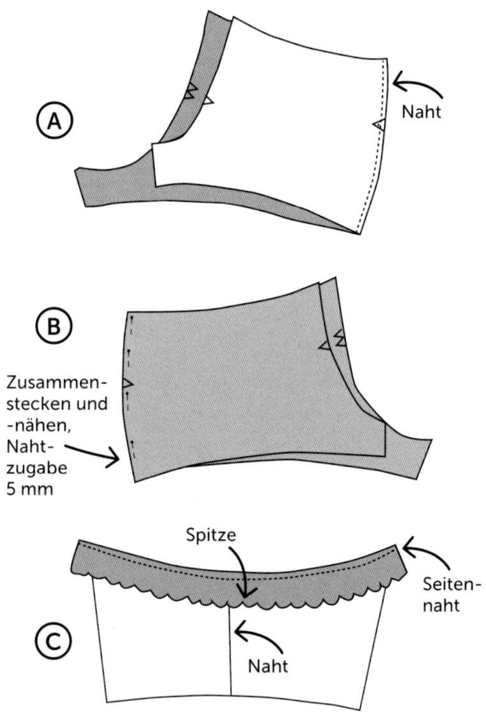

4. Legen Sie die Spitze glatt mit der linken Seite nach oben vor sich hin, sodass die Naht nach oben zeigt. Die Stoffkanten nach innen falten und umdrehen, sodass die Vorderseite nach oben und der Stoffrand gefaltet unter den Stoff zeigt. Die Spitze mit dazupassendem Faden im Geradstich sehr nah an der Kante, wo die Spitze auf den Stoff trifft, absteppen **(D)**. Für das zweite Bein wiederholen. Die unbearbeitete Kante des Stoffs ist nun von der Spitze verdeckt.

5. Die Innenseiten des ersten Beins links auf links zusammenstecken und mit 5 mm Nahtzugabe zusammennähen, dann die obigen Schritte für eine Französische Naht wiederholen (siehe Schritt 1 und 2). Für das zweite Bein wiederholen **(E und F).** Sie haben nun beide Beine mit einer Französischen Naht zusammengenäht.

6. Ein Bein umkrempeln, das andere richtig herum lassen und das umgekrempelte Bein in das andere stecken, sodass die Innensäume aneinanderliegen **(G)**.

7. Die Nähte vorne und hinten in der Mitte links auf links zusammenstecken **(H)**. Nähen Sie eine Französische Naht, indem Sie mit einer Nahtzugabe von 5 mm nähen, diese dann auf 3 mm zurückschneiden, die Vorderseiten aneinanderlegen und die letzte Naht zum Schließen nähen (siehe Anleitung für die Französische Naht in Schritt 1 und 2)

8. Beginnen Sie für das Hüftbündchen in der Mitte der Rückseite und heften Sie die elastische Spitze oder den Wäschegummi Vorderseite an Vorderseite an den Stoff. Stellen Sie Ihre Nähmaschine auf einen kleinen Zickzackstich um und nähen Sie die Spitze an. Beginnen Sie mit ein paar Vorwärts- und Rückwärtsstichen. Die Spitze bzw. den Wäschegummi zum Rüschen während des Nähens ein wenig auseinanderziehen, dabei in Richtung Ihres Fingers nähen (siehe Technik für das Nähen des Baumwollhöschens). Auf diese Weise einmal rundherum nähen und am Ende wieder einige Rückwärtsstiche zum Befestigen des Fadens nähen **(I)**.

9. Falten Sie die Spitze oder den Wäschegummi nach oben, sodass die unbearbeitete Stoffkante davon verdeckt ist. Von der Vorderseite aus das Höschen glätten und mit dem Zickzackstich (oder, falls vorhanden, dem Elastikstich) einmal rundherum absteppen, damit das Bündchen an seinem Platz bleibt **(J)**. Die unbearbeitete Kante des Höschens ist nun versteckt. Verzieren Sie Ihre bezaubernden Damenboxershorts jetzt noch mit einem Schleifchen oder ein paar Knöpfen.

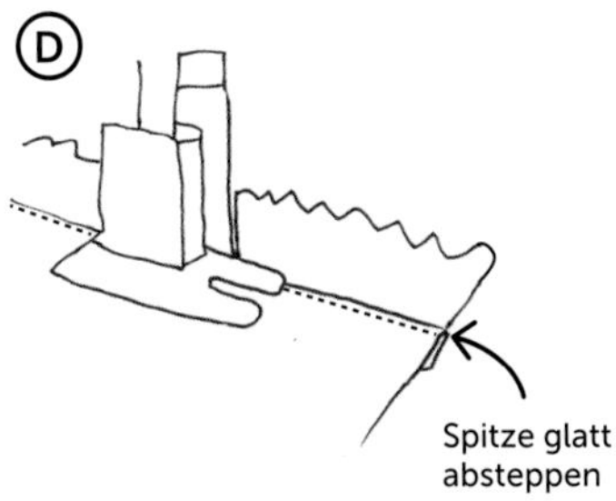

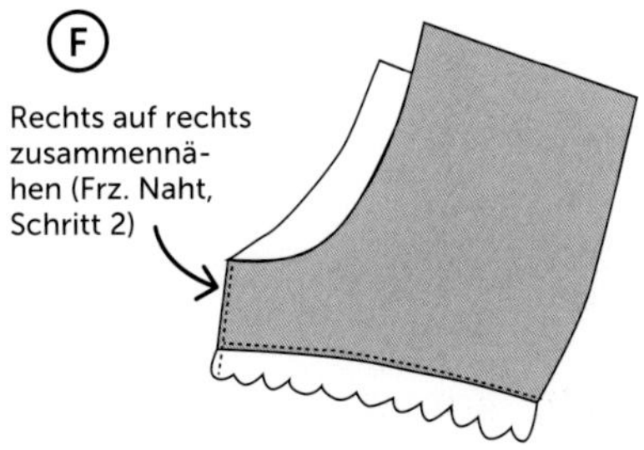

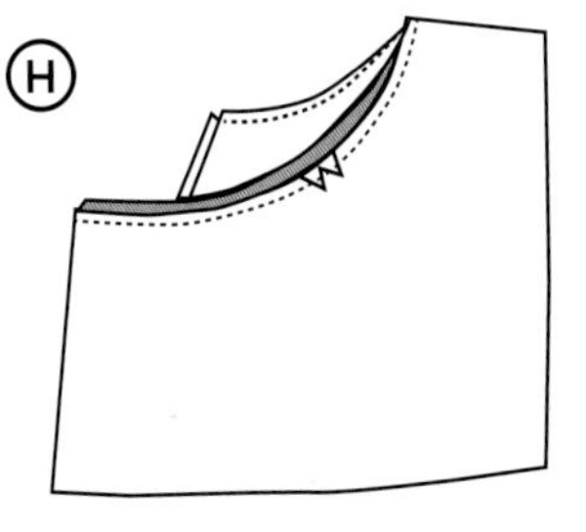

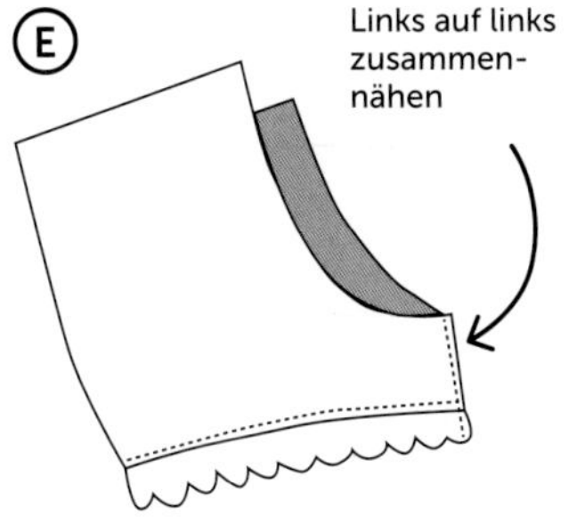

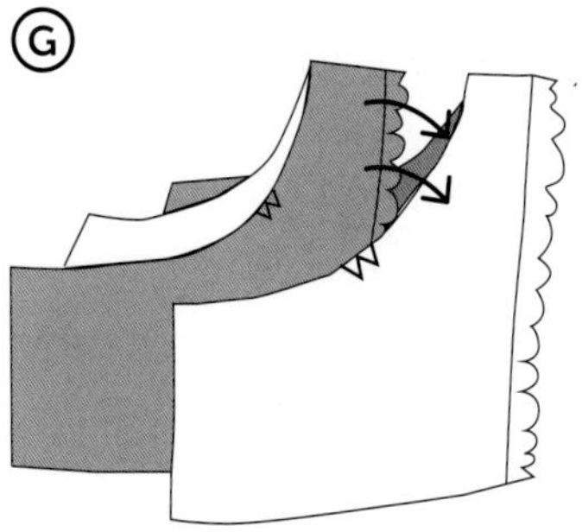

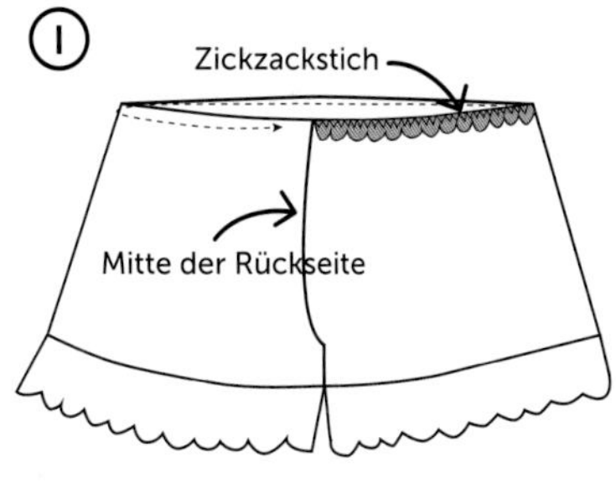

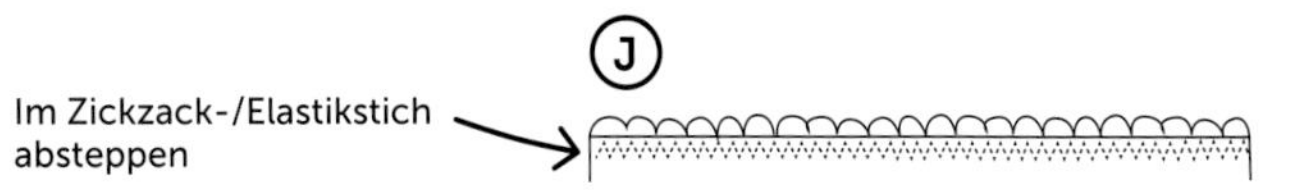

Süße Schleifchen

DAS IST ZWAR NICHT DIE PRAKTISCHSTE WÄSCHE, UM SIE UNTER DER ALLTAGSKLEIDUNG ZU TRAGEN, ABER SIE PASST HERVORRAGEND UNTER AUSGESTELLTE RÖCKE UND KLEIDER UND BRINGT AUCH EIN BISSCHEN SPAß INS SCHLAFZIMMER, DA DIE SCHLEIFE SICH SO LEICHT ÖFFNEN LÄSST, WIE SIE GEBUNDEN WIRD! WIR LIEBEN DIESES HÖSCHEN DAFÜR, DASS WIR UNS DARIN GANZ BESONDERS KOKETT FÜHLEN – VOR ALLEM, WENN ES AUS ZARTEN BLÜTENSTOFFEN GENÄHT IST! WIR EMPFEHLEN SEIDIGEN BAUMWOLL-BATIST, DER SICH SINNLICH AUF DER HAUT ANFÜHLT, SICH ABER WEGEN DER BAUMWOLLE LEICHTER VERARBEITEN LÄSST. SIE KÖNNEN NATÜRLICH AUCH SEIDE VERWENDEN, WENN SIE SICH SICHER GENUG FÜHLEN UND SICH EIN LUXURIÖSERES ERGEBNIS WÜNSCHEN!

Sie benötigen:

60 cm Baumwollbatist, 115 cm breit

oder 50 cm Baumwollbatist, 140 cm breit

15 x 15 cm Baumwolljersey für den Zwickel

2 m Wäschegummi mit gerüschter oder gelochter Borte, 1,5 cm breit

25 cm einfaches Gummiband, 5 mm breit

Knopf oder 50 cm Satinband, 1–1,5 cm breit, zum Verzieren (optional)

Nähseide, die zur Spitze oder dem Wäschegummi passt

Zum Zwickel passender Unterfaden

Wenn Sie auf dem Wäschegummi nähen und dazu Garn in einer Kontrastfarbe verwenden, kann dies einen besonderen, dekorativen Effekt erzeugen.

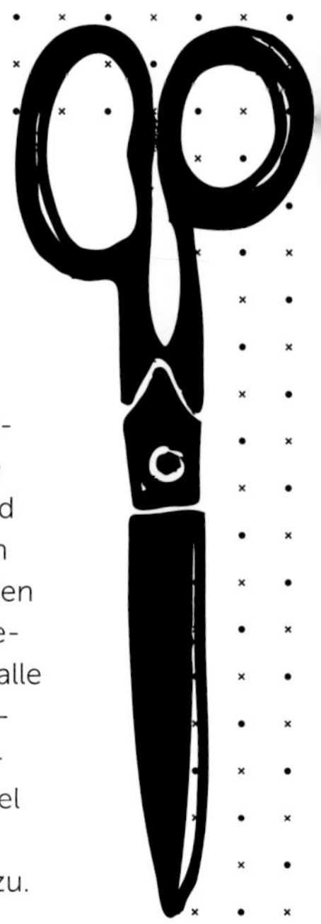

Zuschneiden des Stoffs

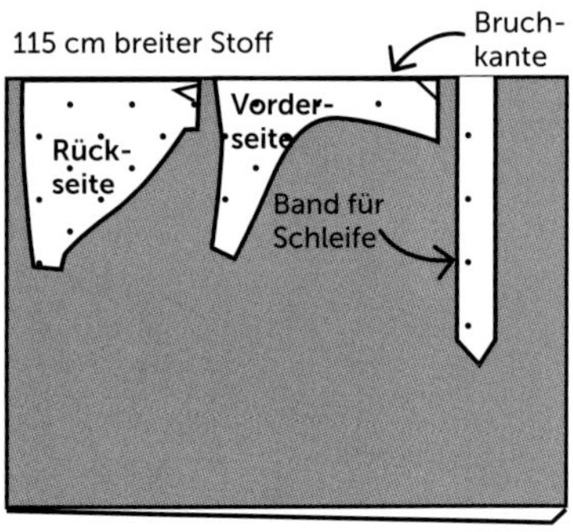

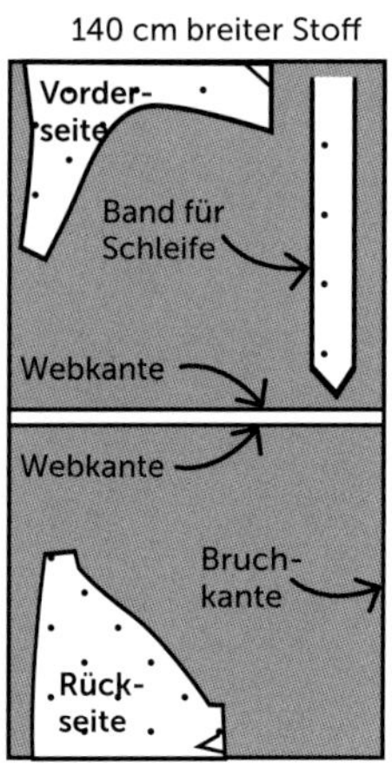

Schneiden Sie das Schnittmuster in der gewünschten Größe mithilfe des Schnittbogens und dem zu Ihrem Stoff passenden Schnittauflageplan zu. Sie finden alle Schnittbögen am Ende dieses Buchs. Achten Sie darauf, alle Markierungen des Schnittmusters auf Ihren Stoff zu übertragen. Schneiden Sie den Zwickel mit einer geraden Schere aus einem Stück Baumwolljersey zu.

LEGENDE:

Rückseite des Stoffs — Vorderseite des Stoffs — Schnittmuster

Anleitung

1. Stecken Sie die drei Teile des Höschens in folgender Reihenfolge rechts auf rechts zusammen, sodass die dreieckigen Markierungen übereinander zu liegen kommen: Zwickel, Rückseite, Vorderseite. Bringen Sie den gehefteten Stoff mit dem Zwickel nach unten auf die Nähmaschine und nähen Sie entlang der Kante mit 1 cm Nahtzugabe im Geradstich **(A)**.

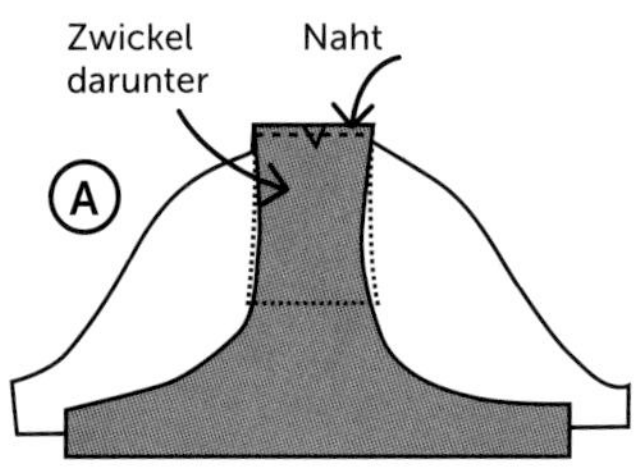

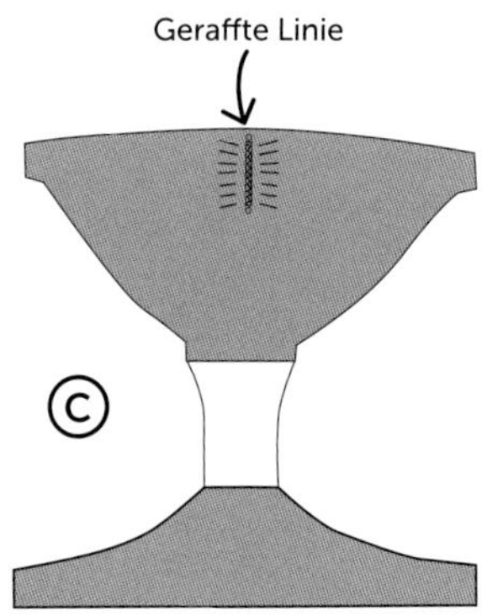

2. Öffnen Sie das zusammengenähte Höschen, bringen Sie den Zwickel an seinen Platz und heften Sie ihn mit Stecknadeln fest. Ihr unbearbeiteter Saum ist jetzt versteckt. Befestigen Sie den Zwickel, indem Sie mit 0,5 cm Nahtzugabe entlang der beiden Außenkanten nähen. Falls notwendig, schneiden Sie den Zwickel exakt auf die Höschengröße zu, um ein ordentlicheres Ergebnis zu erhalten **(B)**.

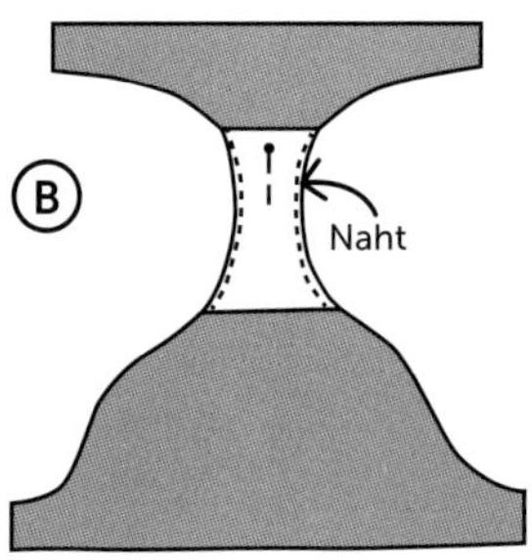

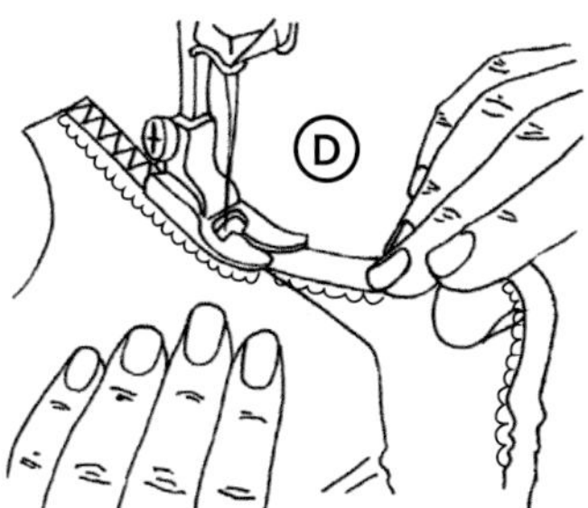

3. Nehmen Sie ein einfaches Stück Gummiband für die Raffung auf der Rückseite des Höschens und schneiden Sie es auf eine Länge von 6 cm zu. Legen Sie ein Ende des Gummis auf die runde Markierung auf der linken Seite der Rückseite. Mit dem Zickzackstich ein paar Stiche vorwärts und rückwärts nähen, um das Gummiband zu befestigen. Lassen Sie die Nadel der Nähmaschine gesenkt, ziehen Sie das Gummiband 2–3 cm zu sich und nähen Sie es dann an. Am Ende wieder rückwärts nähen, um die Naht zu befestigen, und das Gummiband auf die richtige Länge zuschneiden **(C)**.

4. Mit einem Rest Gummiband wie folgt vorgehen: Das Gummiband vorne auf die Kante eines Stoffrestes legen, um zuerst diese Technik zu üben. Die gerade Kante des Gummibands liegt nun parallel zur Stoffkante, die Rüsche zeigt nach innen. Das Band mit ein paar Stichen befestigen. Dann das Band nehmen und es in Richtung Ihres Körpers ziehen und unter Spannung im Zickzackstich annähen **(D)**. Wenn Sie es schaffen, so eine gleichmäßige Kräuselung zu nähen, können Sie damit an ihrem Höschen beginnen. Fangen Sie entweder vorne oder hinten an der geraden Kante an **(E)**. Bei allen vier Kanten rundherum nähen, indem Sie das Gummiband jeweils am Rand befestigen, den Faden vernähen und abschneiden. Versuchen Sie, so nah an der Kante zu nähen, wie Sie nur können.

5. Wenn Sie um alle vier Seiten rundherum genäht haben, falten Sie das Gummiband auf die andere Seite, sodass die Rüschen nach außen zeigen und das Gummiband im Stoffinneren liegt. Das Höschen mit der Vorderseite nach oben unter das Nähfüßchen legen und ein paar Zickzackstiche zum Befestigen nähen. Das Höschen dann glattziehen und erneut mit dem Zickzackstich (oder, falls vorhanden, mit dem Elastikstich) rundherum nähen, um das Gummiband festzunähen. Die unbearbeitete Stoffkante wird nun vom Gummiband versteckt und die spitzenartigen Rüschen schauen über die Kante **(F)**.

6. Nehmen Sie eines Ihrer zugeschnittenen Schleifenbänder und falten Sie es der Länge nach rechts auf rechts. Abstecken und mit einer Nahtzugabe von 5 mm zusammennähen, wobei die kurze Seite offen bleibt, damit Sie die Bänder auf die rechte Seite wenden können. Wenn nötig, den überschüssigen Stoff abschneiden und wenden. Sie müssen eventuell ein Lineal, eine Stricknadel oder etwas Ähnliches verwenden, um das Ende durchschieben zu können. Glatt bügeln **(G)**. Wiederholen, bis Sie vier Schleifenbänder für Ihr Höschen genäht haben.

7. Zum Annähen der Schleifenbänder auf der Innenseite des Höschens arbeiten und das Ende des Bandes ans Ende einer Seite legen, sodass die Schleife nach innen, zum „Körper" des Höschens zeigt **(H)**. Sowohl Höschen als auch Band einmal über das Ende nach innen falten **(I)**.

Als nächstes das Band nach hinten und somit nach außen falten. Halten Sie es mit Ihren Fingern fest (abstecken hilft hier nicht wirklich) legen Sie es unter das Nähfüßchen und nähen Sie durch alle Lagen ein Rechteck im Geradstich, um das Band an das Höschen zu nähen **(J)**. Wiederholen Sie diesen Vorgang an den anderen drei Seiten. Binden Sie an jeder Seite eine Schleife und verzieren Sie Ihr Werk mit einem Vintage-Knopf. Perlmutt verleiht Ihrem einzigartigen Höschen den letzten Schliff!

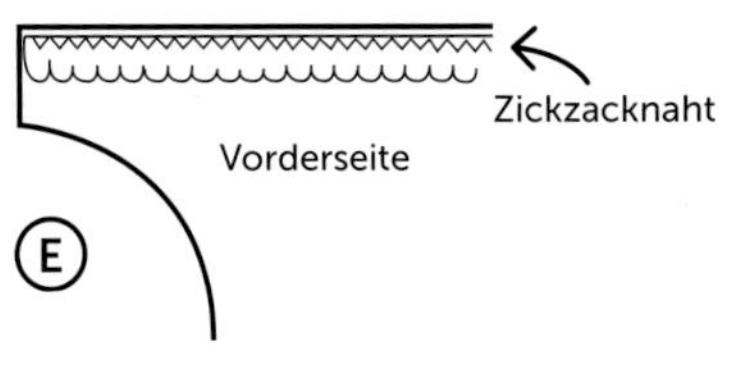

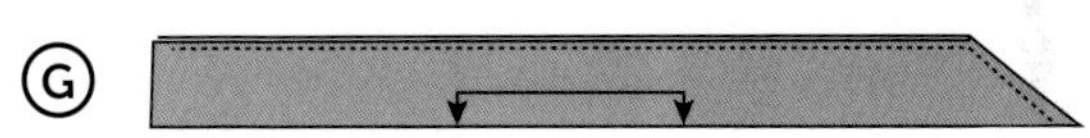

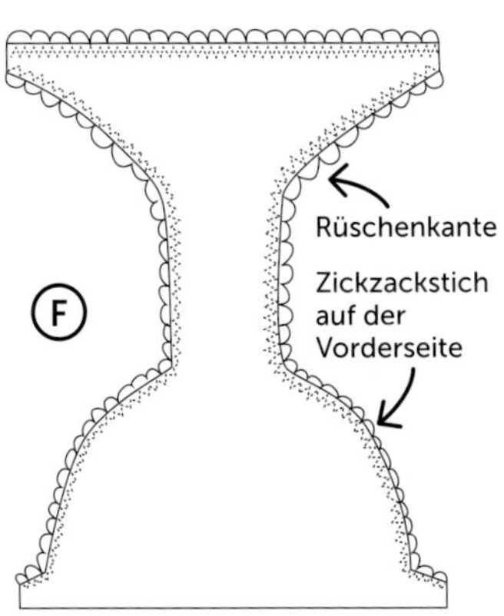

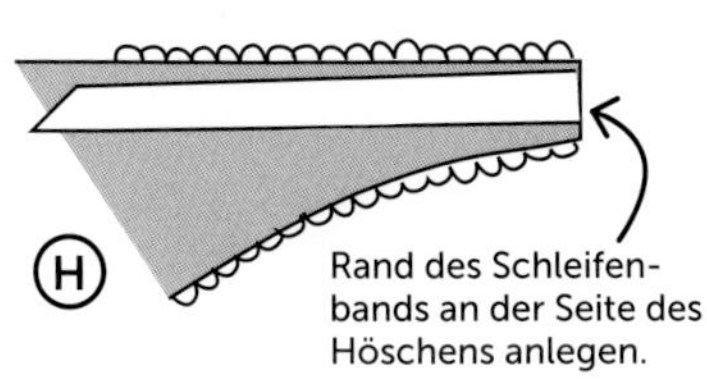

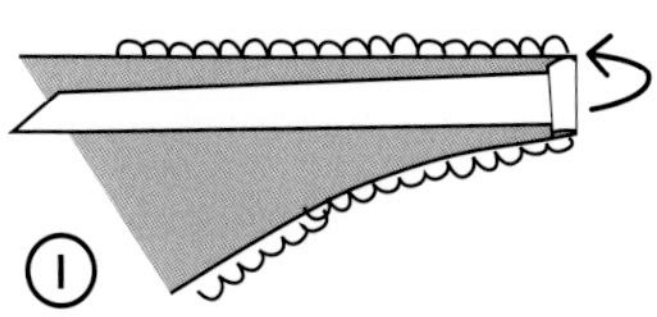

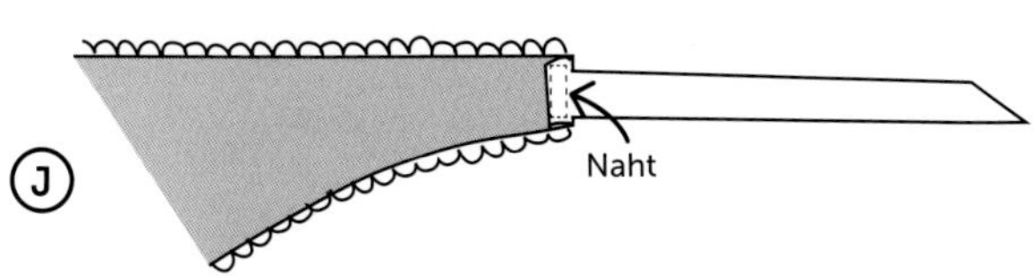

Damenslip aus Stretch

JEDER BRAUCHT BEQUEME UNTERHÖSCHEN – UND DAS HIER IST EINES! EIN GROßARTIGES KLEINES NÄHPROJEKT, DAS SICH HERVORRAGEND ZUM ÜBEN MIT STRETCHSTOFFEN ANBIETET. SIE BRAUCHEN KEINE SPEZIELLE NÄHMASCHINE, ABER AM ENDE HALTEN SIE EINEN DAMENSLIP IN HÄNDEN, DER SO PROFESSIONELL AUSSIEHT, ALS HÄTTEN SIE IHN IM LADEN GEKAUFT. WENN SIE DIESES PROJEKT EINMAL GEMEISTERT HABEN, WERDEN SIE ES WIEDER UND WIEDER NÄHEN WOLLEN. DAS MUSTER EIGNET SICH HERVORRAGEND, UM ALTE T-SHIRTS IN NEUE HÖSCHEN ZU VERWANDELN – JEDES T-SHIRT MIT ELASTHANANTEIL EIGNET SICH DAFÜR. ÜBERPRÜFEN SIE, OB DER STRETCHSTOFF BI-ELASTISCH IST, INDEM SIE IHN LÄNGS UND QUER ZIEHEN UND ER SICH WIEDER GUT IN DIE ALTE FORM BEGIBT, DAMIT IHR HÖSCHEN NICHT EINFACH HERUNTERRUTSCHT! KOMBINIERT MIT ELASTISCHER SPITZE KÖNNEN SIE TOLL AUSSEHENDE UNTERWÄSCHE NÄHEN!

Sie benötigen:

50 cm bi-elastischen Stoff (wir verwenden eine Baumwoll-Elasthan-Mischung), nur 75 cm breit

2,5 m elastische Spitze, 2,5–3,5 cm breit

50 cm Satinband, 1–2 cm breit, zum Verzieren

Zur Spitze passende Nähseide

Wenn Sie wellenförmige Spitze verwenden, achten Sie darauf, dass die Kurven symmetrisch an jedem Bein liegen. Stecken Sie die Spitze an ein Bein, heften Sie sie dann spiegelverkehrt an das andere Bein und achten Sie besonders auf den Bereich des Zwickels.

Zuschneiden des Stoffs

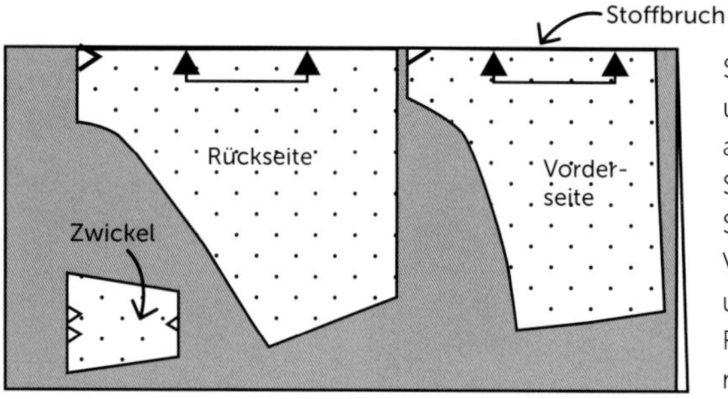

Schnittmuster von Vorderseite, Rückseite und Zwickel in der gewünschten Größe ausschneiden oder abpausen. Sie finden alle Schnittbögen am Ende dieses Buchs. Falten Sie den Stoff rechts auf rechts in der Mitte. Verwenden Sie dann den Schnittauflageplan und stecken Sie das Schnittmuster auf die Rückseite des Stoffs. Mit einer scharfen Schere ausschneiden und dabei daran denken, alle Markierungen zu übertragen.

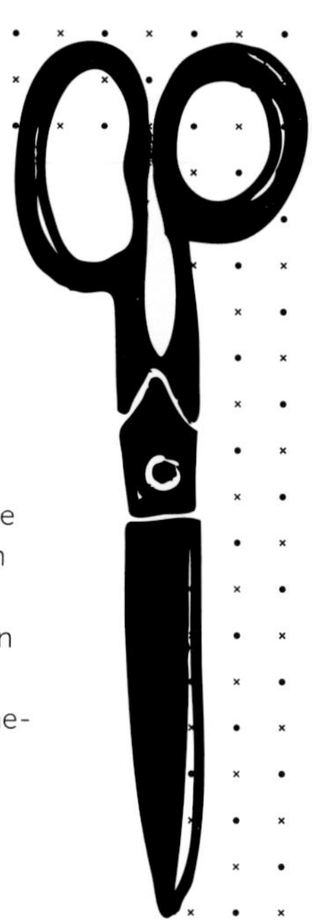

LEGENDE:

Rückseite des Stoffs — Vorderseite des Stoffs — Schnittmuster

Anleitung

1. Legen Sie einen Zwickelteil mit der Vorderseite nach unten (dies ist das Futter des Zwickels) und legen Sie die Höschenrückseite mit der Vorderseite nach oben darauf. Legen Sie den zweiten Zwickelteil mit der Vorderseite nach unten darauf (dies ist der äußere Zwickel), sodass die doppelten Dreiecksmarkierungen übereinanderliegen. Die Rückseite des Höschens liegt nun zwischen den beiden Zwickeln. Heften Sie diese drei Schichten zusammen und nähen Sie sie im Geradstich mit einer Nahtzugabe von 1 cm zusammen **(A)**.

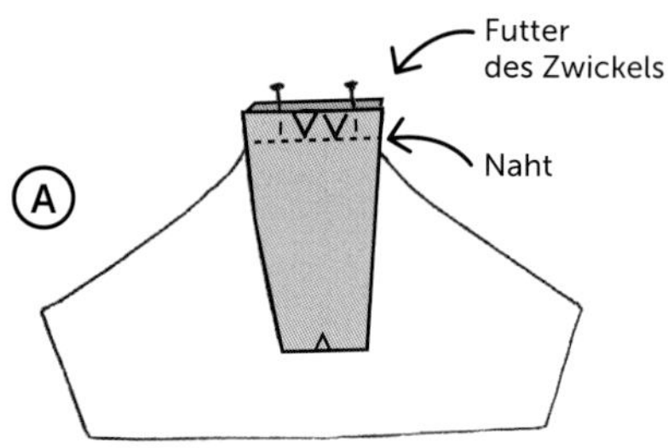

2. Legen Sie die Rückseite mit der Vorderseite nach oben auf einen Tisch und ziehen Sie den Futterzwickel gerade, die Vorderseite am Tisch und unter der Rückseite des Höschens. Lassen Sie den äußeren Zwickel mit der Vorderseite nach oben liegen, sodass er von der Rückseite des Höschens wegzeigt **(B)**.

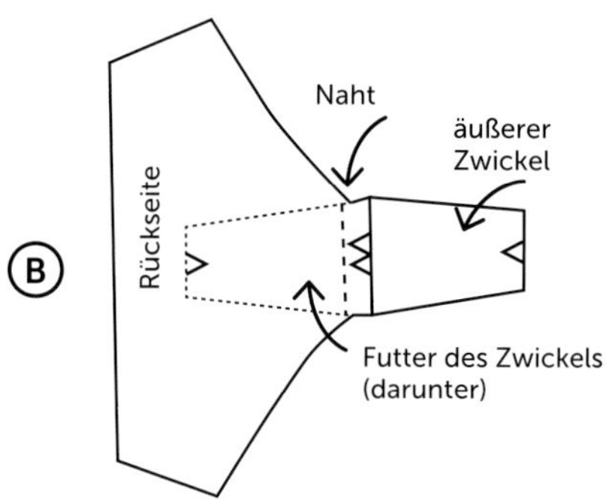

3. Legen Sie die Vorderseite des Höschens rechts auf rechts auf den äußeren Zwickel, sodass die Markierungen übereinanderliegen. Die Teile zusammenstecken **(C)**.

4. Rollen Sie die Vorderseite des Höschens über sich selbst in Richtung der Stecknadel. Rollen Sie die Rückseite des Höschens auf dieselbe Weise, sodass sowohl Vorder- als auch Rückseite über dem äußeren Zwickel liegen. Die Zwickel bleiben bis zum nächsten Schritt flach auf dem Tisch liegen (siehe Pfeil mit unterbrochener Linie) **(D)**.

5. Falten Sie den Futterzwickel über das aufgerollte Höschen und legen Sie ihn auf die vordere Markierung auf. Feststecken und mit 1 cm Nahtzugabe annähen **(E)**.

6. Hier geschieht die Magie! Ziehen Sie die aufgerollte Vorder- und Rückseite durch den Zwickel; Ihr Höschen sollte nun in einem Stück und beide Zwickelnähte versteckt sein. Legen Sie das Höschen glatt mit der Vorderseite nach oben vor sich hin, sodass es bereit für die Spitze ist. Diese wird außen an dem Höschen angenäht.

7. Wenn Ihre Spitze an beiden Seiten gebogen ist, achten Sie darauf, dass sie symmetrisch an jedem Bein liegt. Dafür stecken Sie ein Bein ab und heften die Spitze auf der anderen Seite spiegelverkehrt an; achten Sie dabei besonders auf die Zwickelgegend! Stecken Sie die Spitze abgesehen von den Seitennähten rund um das Höschen fest **(F)**. Die Spitze während des Absteckens nicht ziehen. Stellen Sie die Nähmaschine auf einen schmalen Zickzackstich um und verwenden Sie ein zur Spitze passendes Garn. Nähen Sie die Spitze entlang der Oberkante vorsichtig an und folgen Sie ihrer Biegung, wenn nötig **(G)**.

8. Die Seiten rechts auf rechts aufeinanderlegen, sodass die Vorderseite auf der Rückseite liegt. Mit einer Nahtzugabe von 1 cm zusammennähen und an jedem Ende den Faden mit dem Rückwärtsstich befestigen. Eine Schleife binden und zur Zierde an das Höschen annähen.

(C)

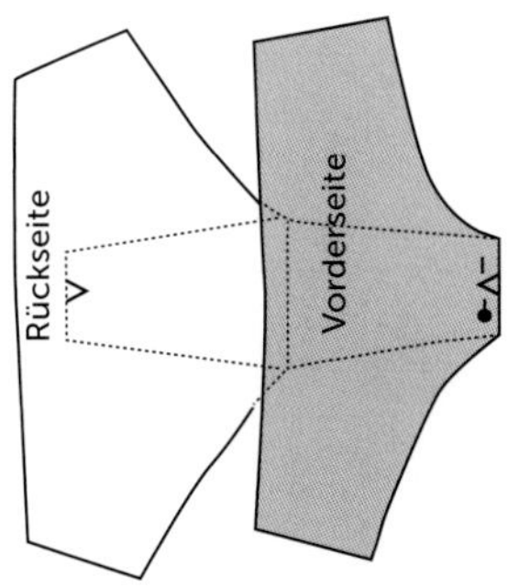

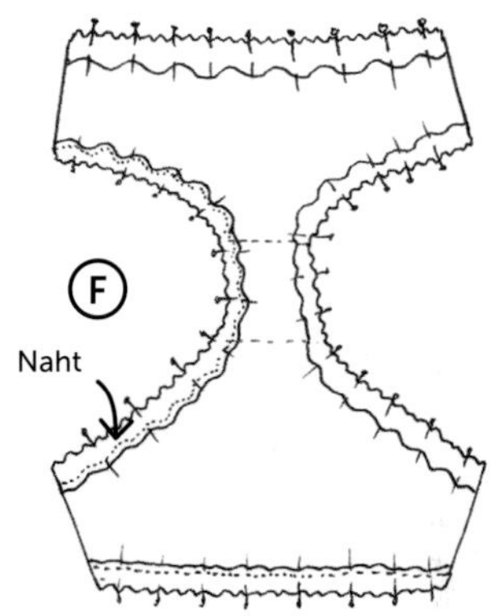

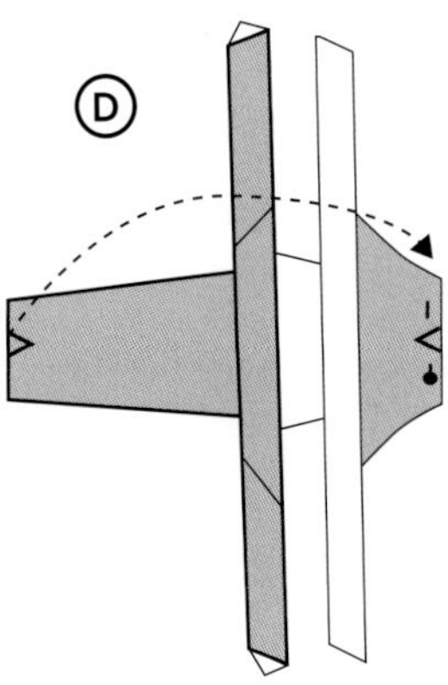

(E)

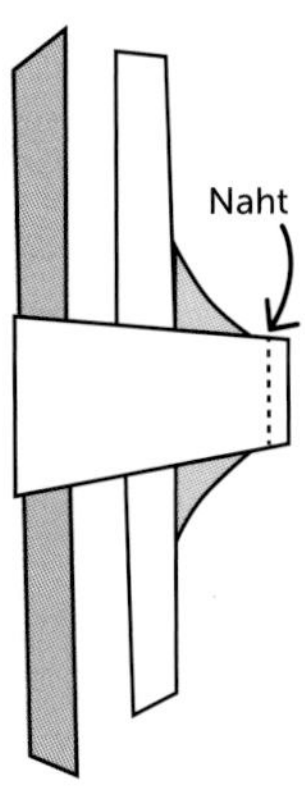

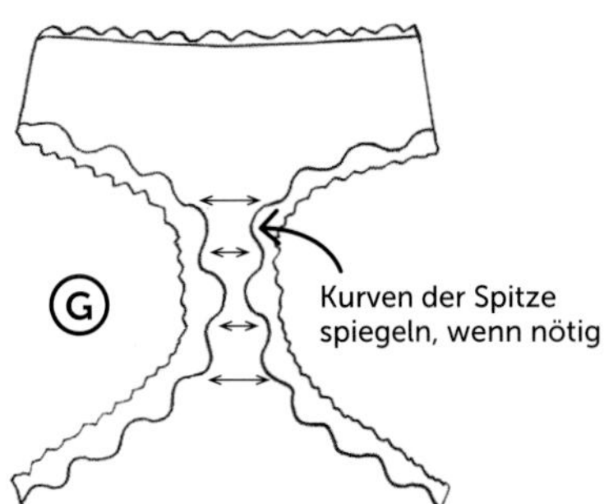

FLOTTER TANGA „BRAZIL"

EIN ETWAS FRECHERER SCHNITT UM DEN PO HERUM VERLEIHT DIESEM HÖSCHEN SEINEN NAMEN UND SEINE CHARAKTERISTISCHE FORM. DIE FERTIGSTELLUNG DES PROJEKTES IST ANDERS ALS DIE ANDEREN, DA EIN GLATTER WÄSCHEGUMMI UND EINE DEKORATIVE ZICKZACKNAHT VERWENDET WERDEN, DAMIT EINE RAFFUNG ENTSTEHT.
DIE UNBEARBEITETE STOFFKANTE WIRD MIT EINER SEHR KLEINEN ZICKZACKNAHT ODER EINER OVERLOCKNAHT VERSÄUBERT. MIT GARN IN KONTRASTFARBE KÖNNEN SIE EINEN ZUSÄTZLICHEN DEKORATIVEN EFFEKT ERZIELEN.
WENN SIE EINE OVERLOCKMASCHINE BESITZEN, KÖNNEN SIE AUCH EINEN ROLLSAUM NÄHEN. DAS HÖSCHEN BESTEHT AUS 3 TEILEN, WOBEI ALLE NÄHTE DURCH DEN ZWICKEL VERDECKT WERDEN. DIE TECHNIK VON RAFFEN UND NICHT RAFFEN ZWISCHEN DEN MARKIERUNGEN IM MUSTER STELLT SICHER, DASS DAS HÖSCHEN GLATT AM PO SITZT. ES KANN AUS JEDEM LEICHTEN GEWEBTEN STOFF GENÄHT WERDEN, ETWA AUS POPELINE, BAUMWOLLBATIST, SEIDE, SATIN ODER VOILE.

Sie benötigen:

60 cm leichte Webware, 115 cm breit

15 x 10 cm Baumwolljersey für den Zwickel

2 m weißer oder schwarzer Wäschegummi, 5 mm breit

50 cm Satinband, 0,5–1 cm breit, zum Verzieren

Nähseide in Stofffarbe oder Kontrastfarbe

Wenn Sie das Glück haben, im Besitz einer Overlockmaschine zu sein, können Sie die Einstellung „Rollsaum" zum Versäubern der Kanten verwenden; alternativ können Sie im Zickzackstich nähen.

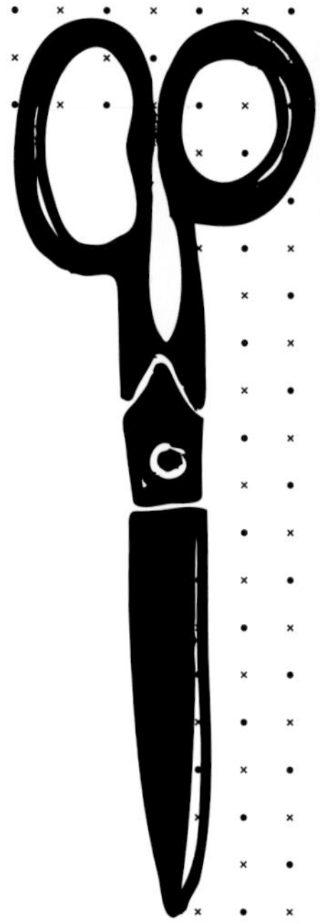

Zuschneiden des Stoffs

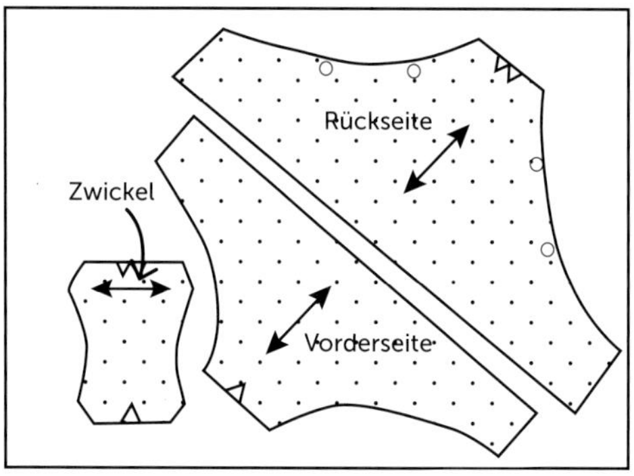

Schneiden Sie Ihr Papierschnittmuster zu, indem Sie den Größenlinien Ihrer Größe im Schnittteil und dem Schnittauflageplan folgen. Sie finden alle Schnittbögen am Ende dieses Buchs. Vorderseite und Rückseite werden schräg zum Fadenlauf, ein Zwickel wird aus dem Hauptstoff und einer aus Baumwolljersey mit einer scharfen Schere zugeschnitten. Achten Sie darauf, alle Markierungen des Schnittmusters auf den Stoff zu übertragen.

LEGENDE:

Rückseite des Stoffs — Vorderseite des Stoffs — Schnittmuster

Anleitung

1. Legen Sie den Zwickel aus Baumwolljersey auf den Tisch. Legen Sie die Rückseite des Höschens mit der Vorderseite nach oben darauf, sodass die Markierungen übereinanderliegen, und legen Sie dann den Zwickel aus dem Hauptstoff mit der Rückseite nach oben darauf, sodass auch hier die Markierungen aufeinanderliegen. Mit Stecknadeln feststecken und im Geradstich mit einer Nahtzugabe von 1 cm zusammennähen **(A)**.

2. Legen Sie die Rückseite des Höschens mit der Vorderseite nach oben auf den Tisch. Ziehen Sie den Jerseyzwickel flach darunter hervor. Lassen Sie den äußeren Zwickel mit der Vorderseite nach oben liegen **(B)**.

3. Legen Sie die Vorderseite des Höschens rechts auf rechts auf den äußeren Zwickel, sodass die Markierungen übereinanderliegen. Die beiden Teile feststecken **(C)**.

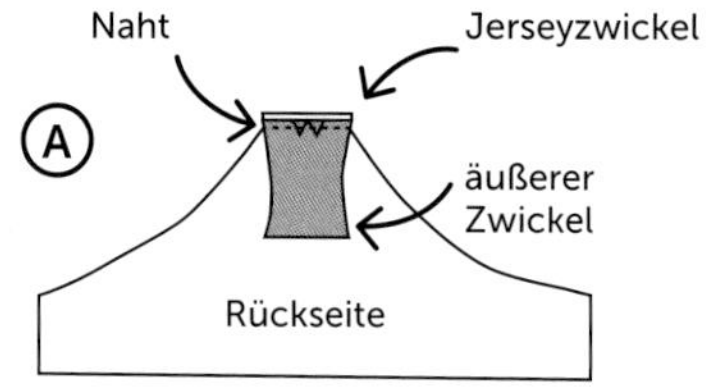

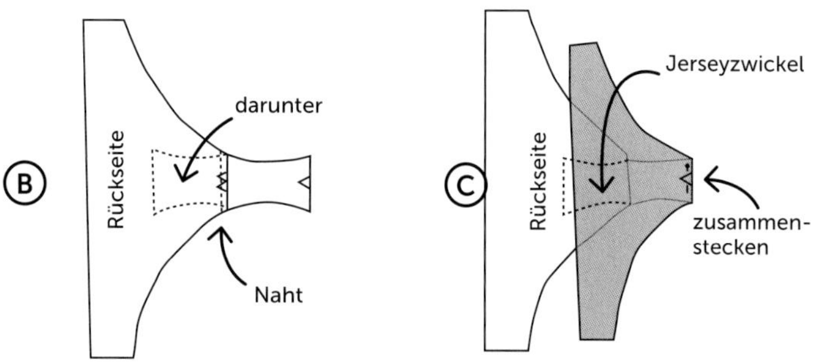

4. Rollen Sie die Vorderseite des Höschens über sich selbst in Richtung der Stecknadeln. Dann rollen Sie die Rückseite des Höschens auf dieselbe Art ein, sodass die beiden Teile auf dem äußeren Zwickel liegen. Der Jerseyzwickel bleibt in diesem Schritt noch flach liegen **(D)**.

Falten Sie den Jerseyzwickel über das eingerollte Höschen und legen Sie die vorderen Markierungen aufeinander **(E)**. Nun alle drei Lagen Stoff wieder an der Vorderkante des Zwickels feststecken.

Mit einer Nahtzugabe von 1 cm zusammennähen, dabei an den Enden im Rückwärtsstich nähen **(F)**. Jetzt kommt die Zauberei! Ziehen Sie die aufgerollte Vorder- und Rückseite durch den Zwickel; Ihr Höschen sollte nun in einem Stück und beide Zwickelnähte versteckt sein.

5. Die Kanten des Höschens werden mit dem Zickzackstich versäubert. Das Prinzip dahinter ist, dass der linke Stich in den Stoff und der rechte über die Stoffkante hinausgeht, um den Stoff einzufassen. So entsteht eine hübsche Einfassung, die mit Garn in einer Kontrastfarbe zum Blickfang wird. Versäubern Sie bis auf die Seiten alle Kanten auf diese Weise **(G)**. Da die Vorderseite und die Rückseite des Höschens schräg zum Fadenlauf zugeschnitten sind, ist es normal, dass der Stoff sich zusammenzieht, was eine natürliche Raffung während des Nähens bewirkt.

6. Nähen Sie für die Beinausschnitte die Seitenkanten zusammen. Legen Sie den Stoff von Vorder- und Rückseite rechts auf rechts und nähen Sie sie an den Seiten im Geradstich mit einer Nahtzugabe von 1 cm zusammen **(H)**.

7. Mit dem 5 mm breiten einfachen Gummiband den Hüftumfang abmessen (dabei das Band nicht dehnen!) und mit einer Stecknadel markieren. Dann vom Ende aus 15–20 cm abmessen und abschneiden. Das Gummiband gleichmäßig an das Hüftbündchen stecken **(I)**. Mit einem Zickzackstich (kurz und breit eingestellt) das Gummiband innen an das Höschen nähen und während des Nähens dehnen. So entsteht die Raffung entlang des Hüftsaums Ihres Höschens **(J)**. Ein Garn in Kontrastfarbe kann auch hier wieder wirklich gut aussehen und ist eine tolle Zierde.

8. Messen Sie entlang der flach aufgelegten Beinausschnitte und schneiden Sie dann das Gummiband für jedes Bein zu (2/3 der gemessenen Länge). Die oben beschriebene Methode für die Beine wiederholen. Wenn Sie Ihr Gummiband mit Stecknadeln anheften, dehnen Sie es nicht zwischen den beiden kreisförmigen Markierungen seitlich des Pos **(J)**. So stellen Sie sicher, dass Ihr Höschen flach an Ihrem Po sitzt und nicht in den Po rutscht!

9. Binden Sie zwei kleine Schleifchen mit dem Satinband und bringen Sie sie vorne an den Seiten an, um Ihr Höschen mit einer hübschen Verzierung fertigzustellen. Ihr Tanga wartet nun darauf, getragen zu werden!

D
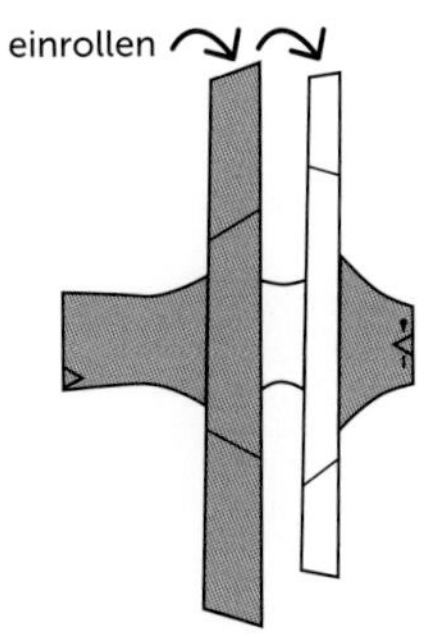

E
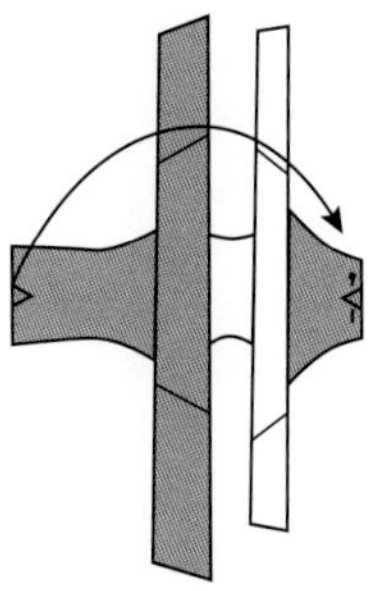

F
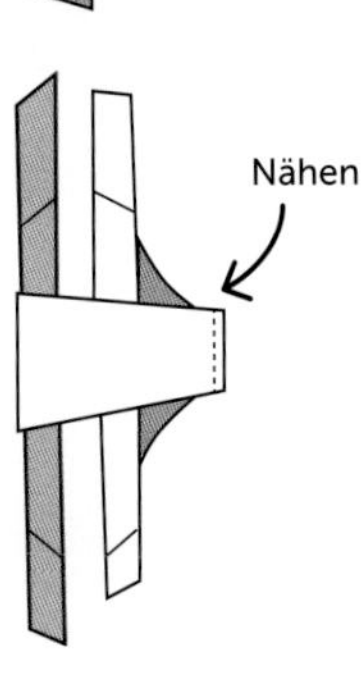

G
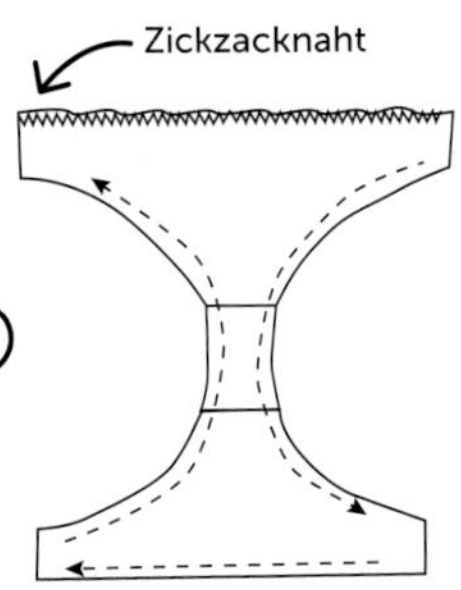

H
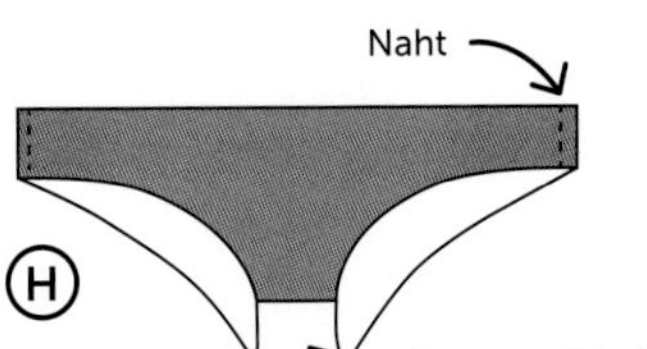

I
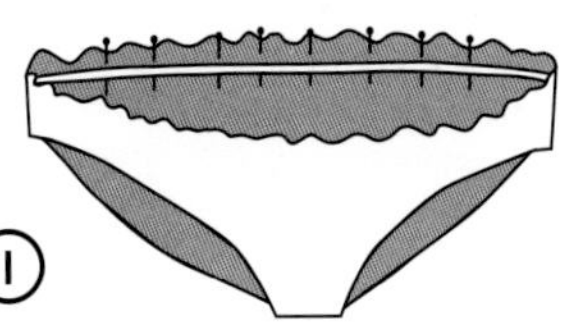

J
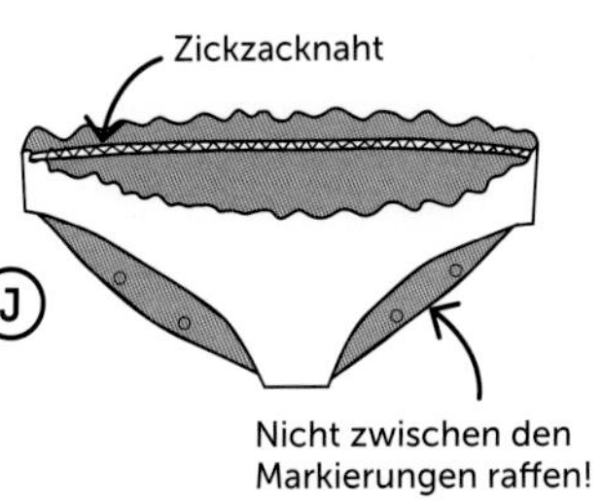

Seidenschal wird Höschen

DIESES HÖSCHEN GEHÖRT ZU UNSEREN LIEBLINGEN – SOWOHL BEIM TRAGEN ALS AUCH BEIM NÄHEN, DA JEDES TEIL EIN TOTAL INDIVIDUELLES EINZELSTÜCK WIRD. WIR LIEBEN DEN GANZEN PROZESS VON DER SUCHE NACH DEM PASSENDEN SCHAL BIS ZUM ANBRINGEN DES LETZTEN SEIDENBANDS ODER EINES VINTAGE-KNOPFS. WENN SIE SEIDENSCHALS KAUFEN, ACHTEN SIE AUF DIE SÄUME, DENN EIN GUTER INDIKATOR FÜR SEIDE IST EIN HANDGENÄHTER ROLLSAUM. POLYESTERSCHALS HINGEGEN SIND MEIST MASCHINENGENÄHT. EINE ANDERE MÖGLICHKEIT, SEIDE VON INDUSTRIESTOFFEN ZU UNTERSCHEIDEN, IST, EINEN FADEN DAVON ZU VERBRENNEN. SEIDE VERBRENNT MIT EINEM AUFFLAMMEN, WÄHREND SYNTHETIKSTOFFE SCHMELZEN. NATÜRLICH IST DAS MITTEN IM LADEN IHRER WAHL KEINE OPTION. WENN SIE STATTDESSEN DEN SAUM EINER PRÜFUNG UNTERZIEHEN, GEHEN SIE SICHER EINIGEM ÄRGER AUS DEM WEG! SIE MÜSSEN DAS SCHNITTMUSTER „SÜßE SCHLEIFCHEN“ IM GANZEN UND QUER ZUM FADENLAUF AUF IHREN SCHAL ÜBERTRAGEN. ES IST EIN BISSCHEN KNIFFLIG, SEIDE AKKURAT ZU FALTEN, DESWEGEN IST DAS DIE LEICHTESTE ART SICHERZUSTELLEN, DASS IHR SCHNITTMUSTER KORREKT AUF IHREM LIEBLINGSSEIDENSCHAL ZU LIEGEN KOMMT.

Sie benötigen:

1 alten Seidenschal

15 x 15 cm Baumwolljersey für den Zwickel

2 m Wäschegummi, 1,5–2,5 cm breit, mit gerüschter oder gehäkelter Borte

2 m Seidenband, 2–3 cm breit

Zu Wäschegummi und Stoff passende Nähseide

Zum Zwickel passender Unterfaden

Sie können jede Art von Band verwenden: Seide, Satin oder Ripsband, aber wir bevorzugen Seide, da sich das Höschen damit wunderbar weich und luxuriös anfühlt.

Zuschneiden des Stoffs

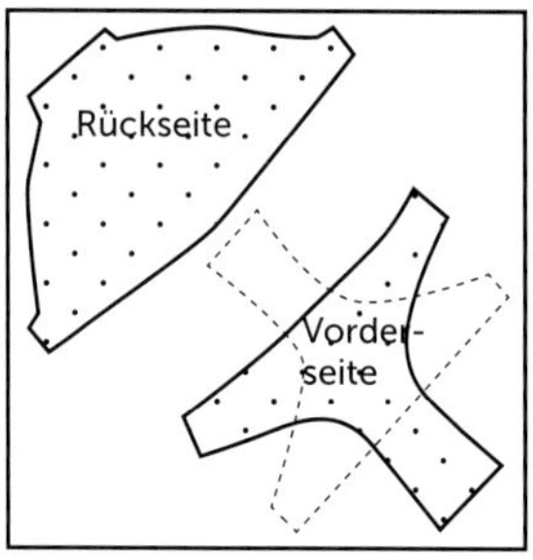

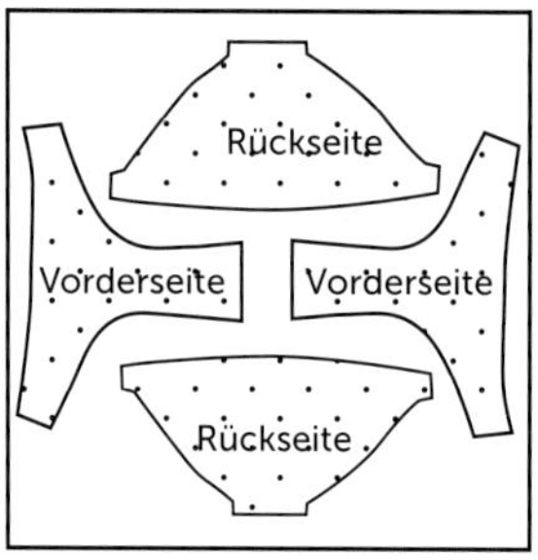

Abhängig von Größe und Muster des Schals können Sie Ihr Muster diagonal zum Fadenverlauf auflegen oder es im Fadenlauf zuschneiden und vielleicht zwei Höschen aus einem Schal „herauspressen". Wenn Sie das Muster im Schrägschnitt zuschneiden, macht Ihnen das die Arbeit ein bisschen leichter. Schneiden Sie das Papierschnittmuster in Ihrer Größe aus und verwenden Sie den Schnittauflageplan Ihrer Wahl. Den Zwickel aus einem Stück Baumwolljersey zuschneiden.

LEGENDE:

Rückseite des Stoffs | Vorderseite des Stoffs | Schnittmuster

Vielleicht müssen Sie Ihren Schnitt anders, als empfohlen, auflegen, weil das Muster oder die Größe des Schals Sie dazu zwingen. Florale Muster haben oft Ränder, die wunderbar aussehen können, wenn Sie in das Design eingearbeitet werden. Denken Sie an diese Details, wenn Sie Ihr Schnittmuster auflegen.

Anleitung

1. Heften Sie die drei Teile des Höschens in dieser Reihenfolge rechts auf rechts mit den Markierungen übereinander mit Stecknadeln zusammen: Zwickel, Rückseite, Vorderseite. Legen Sie den abgesteckten Stoff in Ihre Nähmaschine, sodass der Zwickel unten liegt, und nähen Sie entlang der Kante im Geradstich mit einer Nahtzugabe von 1 cm **(A)**.

2. Lösen Sie die zusammengesteckten Teile des Höschens, drehen Sie den Zwickel um, bringen Sie ihn an seinen Platz und stecken Sie ihn fest. Ihre unbearbeiteten Kanten sind nun versteckt. Nähen Sie den Zwickel mit der Nähmaschine mit einer Nahtzugabe von 5 mm entlang der Außenkanten fest. Für ein ordentlicheres Erscheinungsbild schneiden Sie den Zwickel, falls nötig, nun auf die exakte Größe des Höschens zu **(B)**.

3. Als nächstes das Gummiband so anbringen, wie für das Höschen *Süße Schleifchen* beschrieben. Beginnen Sie auf dieselbe Weise entweder vorne am oberen geraden Saum oder an dessen Rückseite **(C)**.

4. An allen vier Kanten rundherum arbeiten, indem Sie das Gummiband jeweils am Rand festnähen, den Faden befestigen und das Gummiband abschneiden. Versuchen Sie, so nah an der Kante zu nähen, wie Sie nur können. Die Seiten nicht mit Gummiband versehen.

5. Wenn Sie um alle vier Seiten rundherum genäht haben, falten Sie das Gummiband auf die andere Seite, sodass die Rüschen nach außen zeigen und das Gummiband im Stoffinneren liegt. Das Höschen mit der Vorderseite nach oben unter das Nähfüßchen legen und ein paarmal im Zickzackstich zum Befestigen nähen. Das Höschen dann glattziehen und erneut im Zickzackstich (oder, falls vorhanden, Elastikstich) rundherum nähen, um das Gummiband festzunähen. Die unbearbeitete Stoffkante wird nun vom Gummiband versteckt und die spitzenartigen Rüschen schauen über die Kante **(D)**.

6. Nun müssen Sie nur noch die Bänder anbringen. Schneiden Sie vier 30 cm lange Stoffstücke zu. Arbeiten Sie von der Innenseite des Höschens aus und legen Sie das Ende des Bandes ans Ende einer Seite, sodass das Band nach innen, zum „Körper" des Höschens zeigt **(E)**. Sowohl Höschen als auch Band einmal über das Ende falten **(F)**.

Als nächstes das Band nach hinten und somit nach außen falten. Halten Sie es mit Ihren Fingern fest (das ist hier leichter als Abstecken) und legen Sie es unter das Nähfüßchen. Nähen Sie durch alle Lagen ein Rechteck im Geradstich, um das Band an das Höschen zu nähen **(G)**. Wiederholen Sie diesen Vorgang an den anderen drei Seiten und binden Sie an jeder Seite eine Schleife. Wenn Sie einen Vintage-Knopf haben, ist jetzt der Moment, an dem er zum Einsatz kommt, um Ihr Nähstück zu perfektionieren.

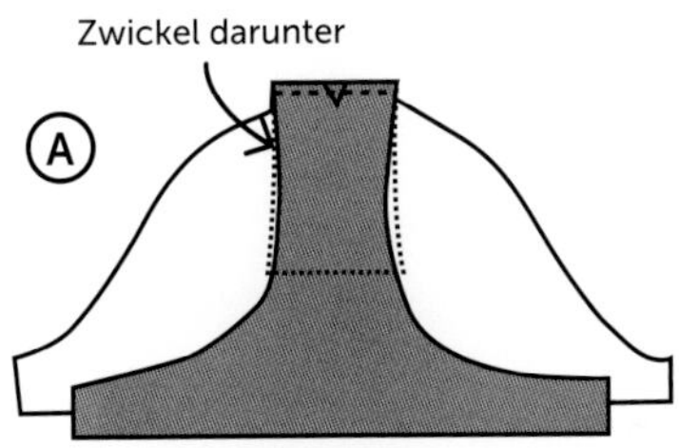

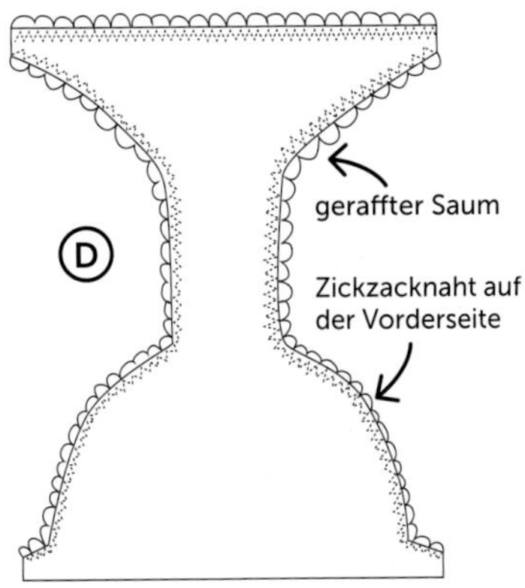

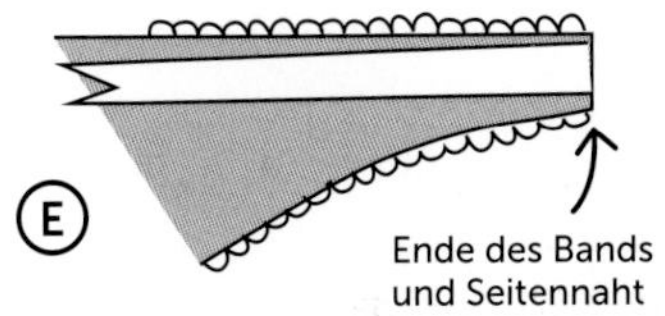

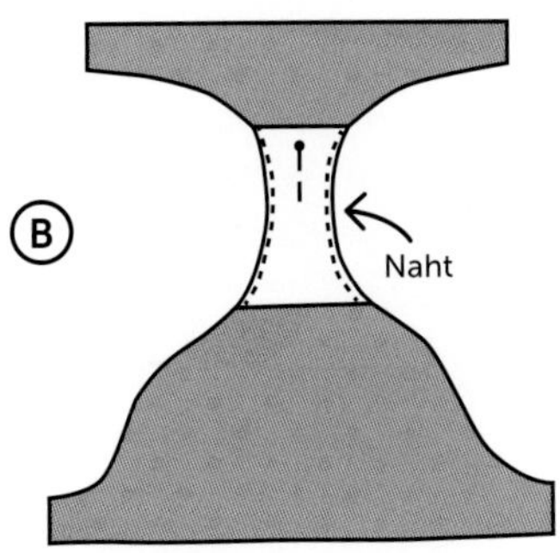

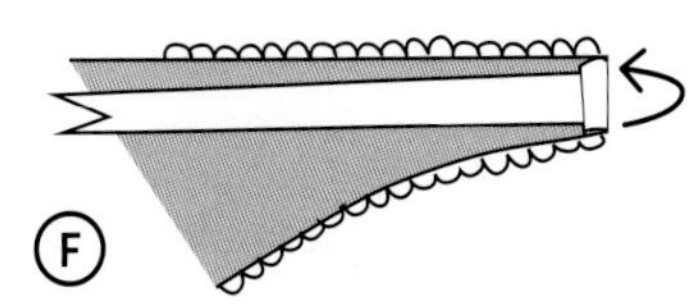

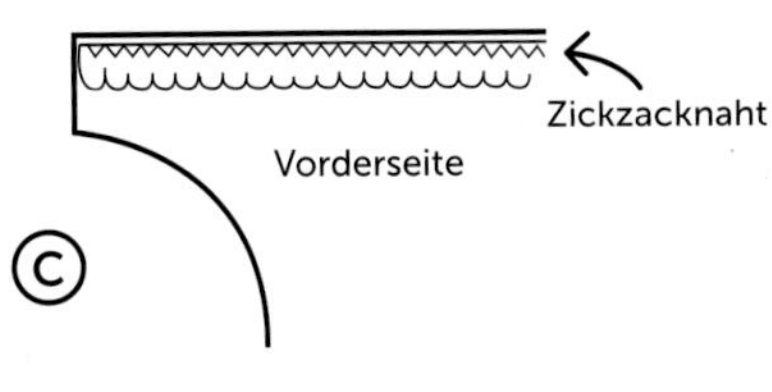

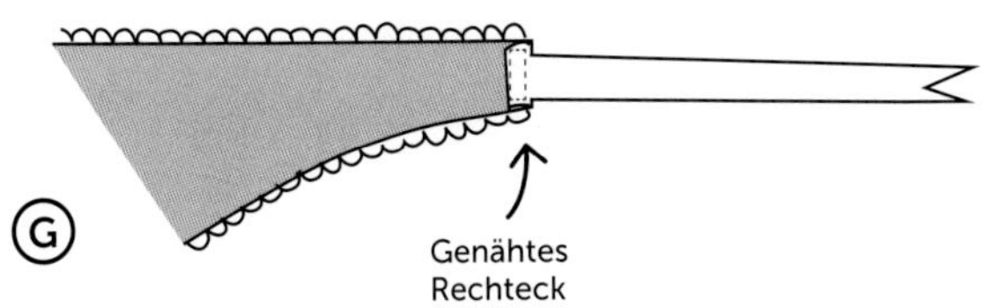

Schnittmuster

FÜR DIE

HÖSCHEN

ALLE MUSTER MÜSSEN UM 200 % VERGRÖßERT WERDEN.

SIE KÖNNEN DIE SCHNITTBÖGEN AUCH IN VOLLER GRÖßE AUF DER WEBSEITE VON STITCH CRAFT CREATE HERUNTERLADEN:

http://ideas.stitchcraftcreate.co.uk/patterns/

BEI DEN SCHNITTMUSTERN WERDEN BRITISCHE GRÖßEN VERWENDET. UNTENSTEHEND FINDEN SIE EINE UMRECHNUNGS-TABELLE IN DEUTSCHE GRÖßEN.

UK	6	8	10	12	14	16	18	20	22
EU	34	36	38	40	42	44	46	48	50

BAUMWOLLHÖSCHEN

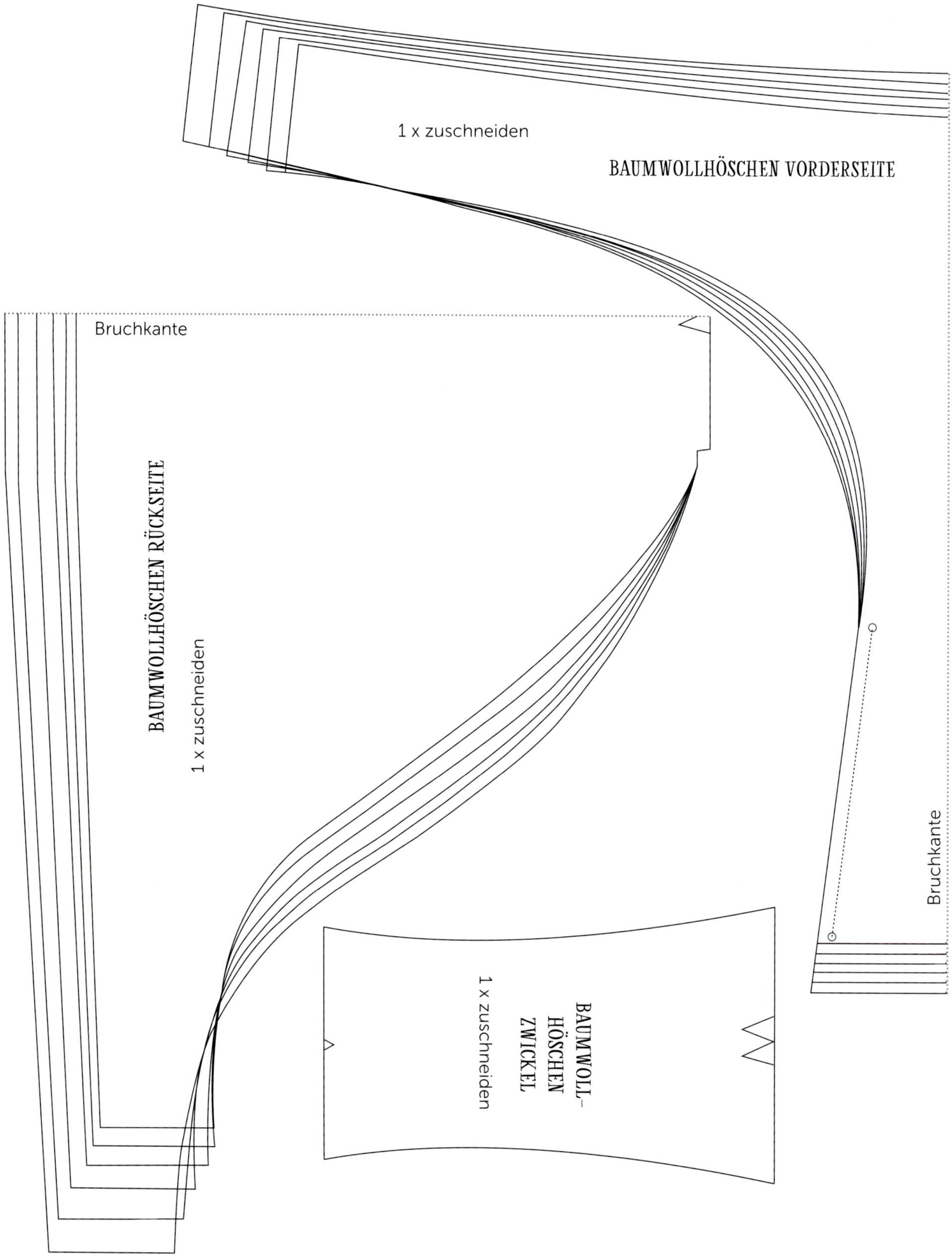

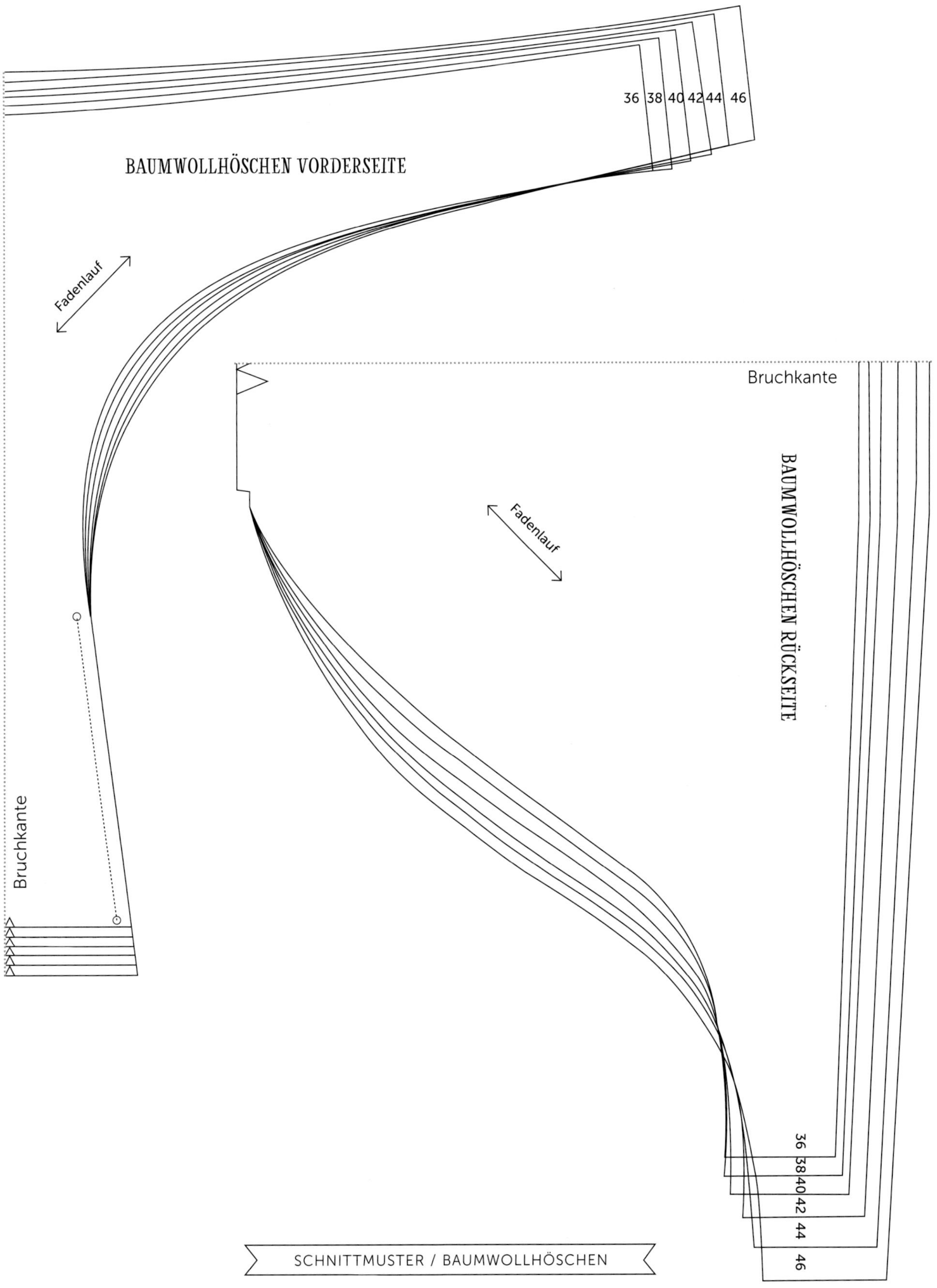
BAUMWOLLHÖSCHEN VORDERSEITE
36 38 40 42 44 46
Fadenlauf
Bruchkante
Bruchkante
BAUMWOLLHÖSCHEN RÜCKSEITE
Fadenlauf
36 38 40 42 44 46

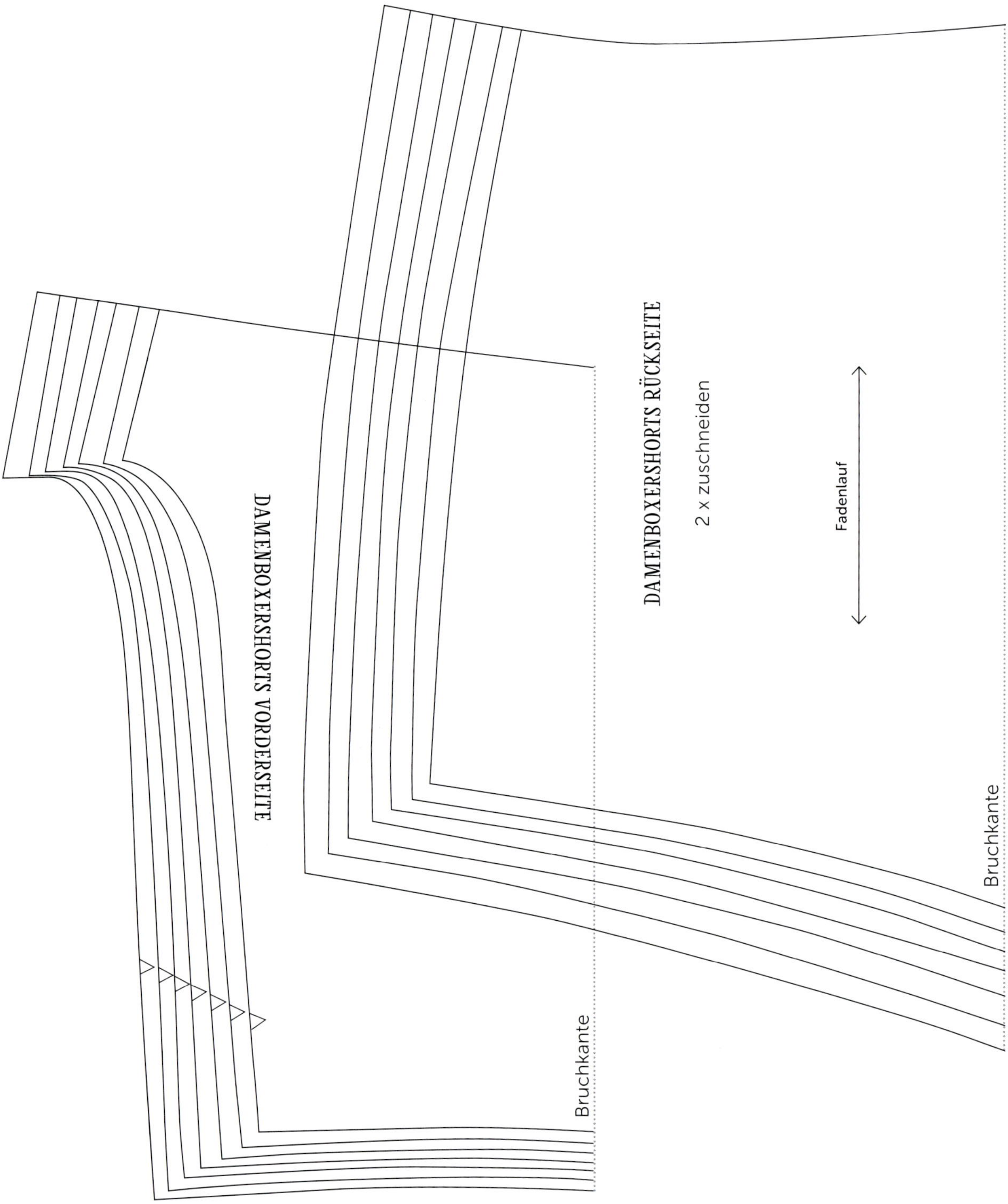
DAMENBOXERSHORTS RÜCKSEITE
2 x zuschneiden
Fadenlauf
Bruchkante
DAMENBOXERSHORTS VORDERSEITE
Bruchkante

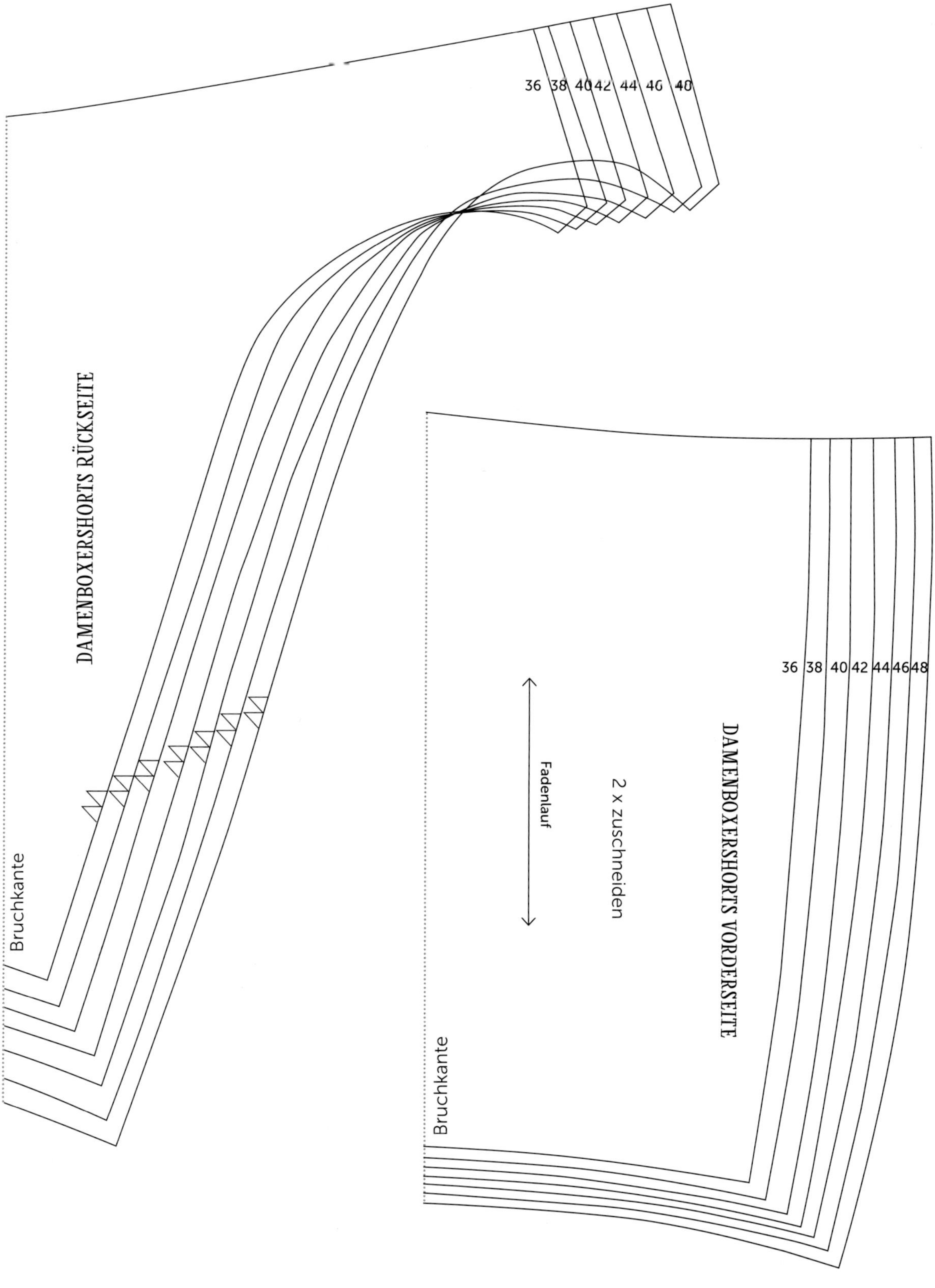
36 38 40 42 44 46 48
DAMENBOXERSHORTS RÜCKSEITE
Bruchkante
36 38 40 42 44 46 48
DAMENBOXERSHORTS VORDERSEITE
2 x zuschneiden
Fadenlauf
Bruchkante

SÜSSE SCHLEIFCHEN

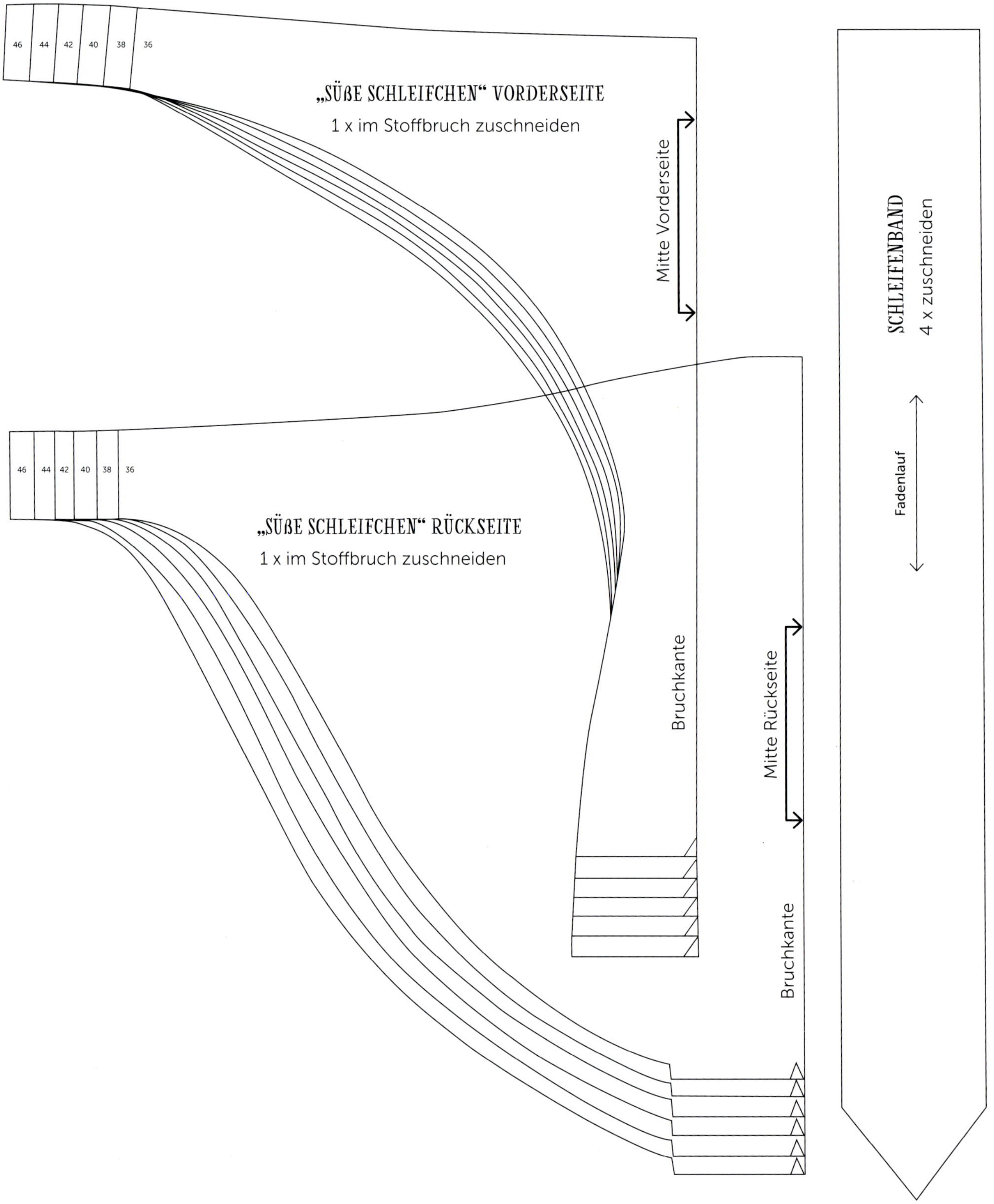

DAMENSLIP AUS STRETCH

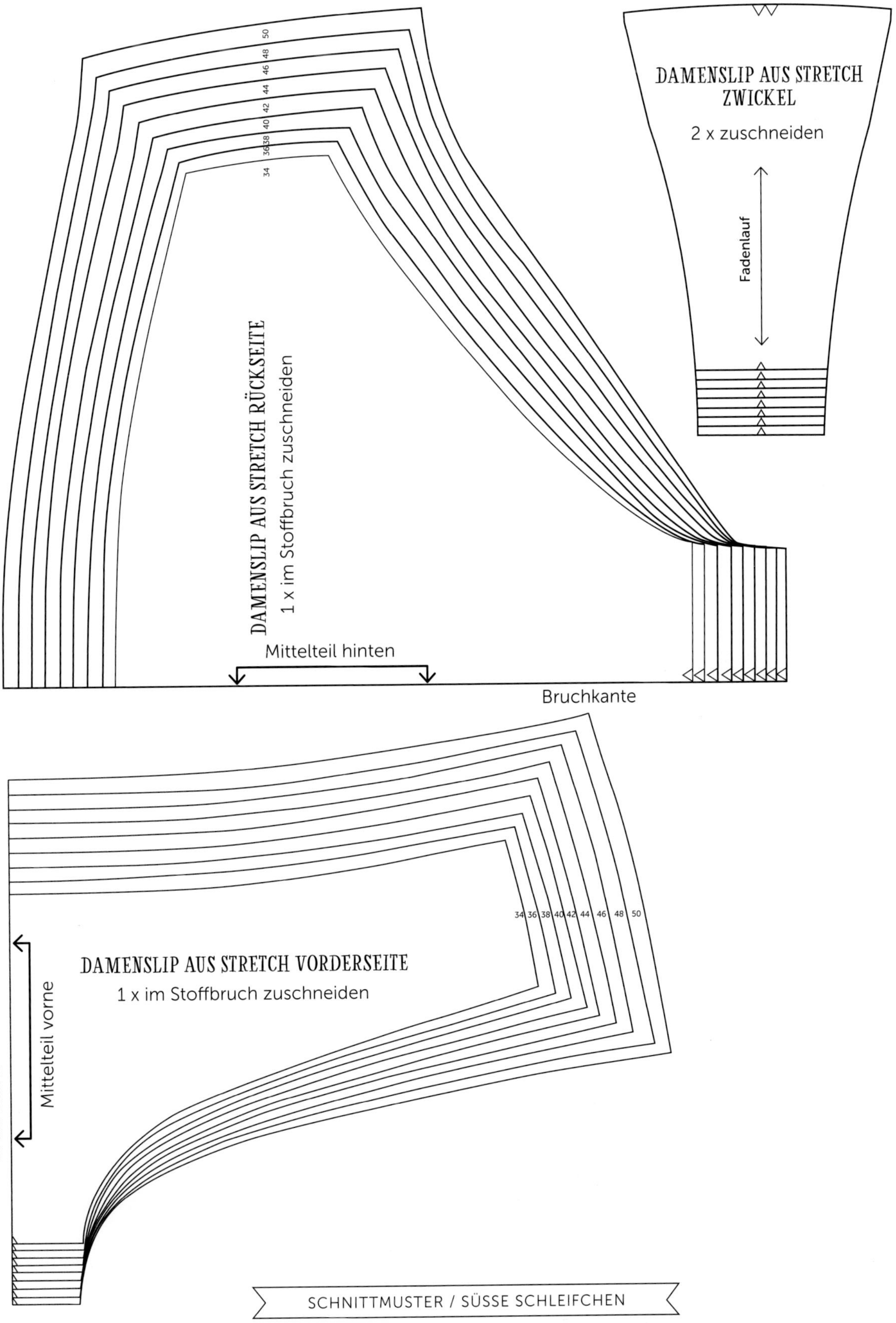

FLOTTER TANGA „BRAZIL“

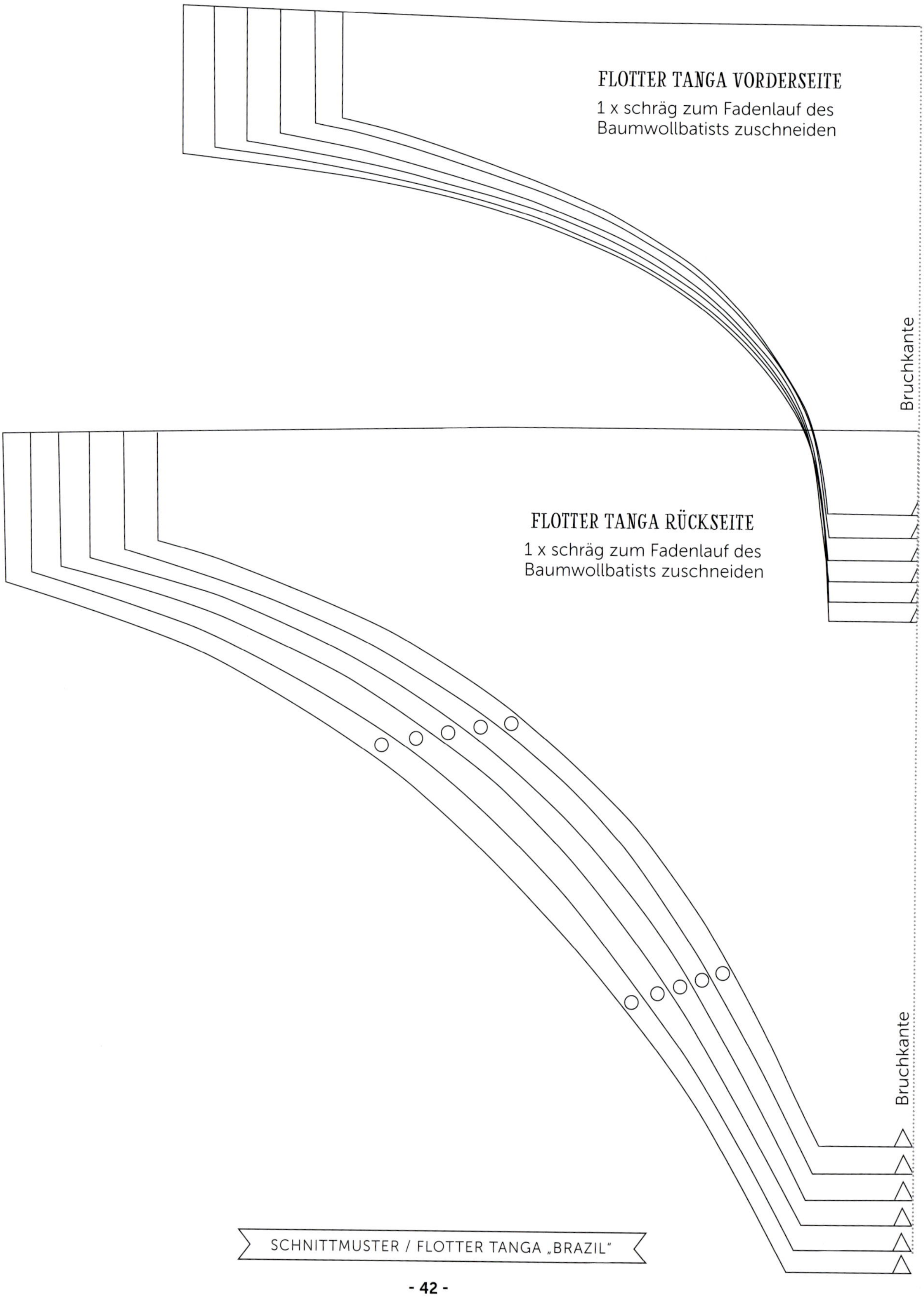

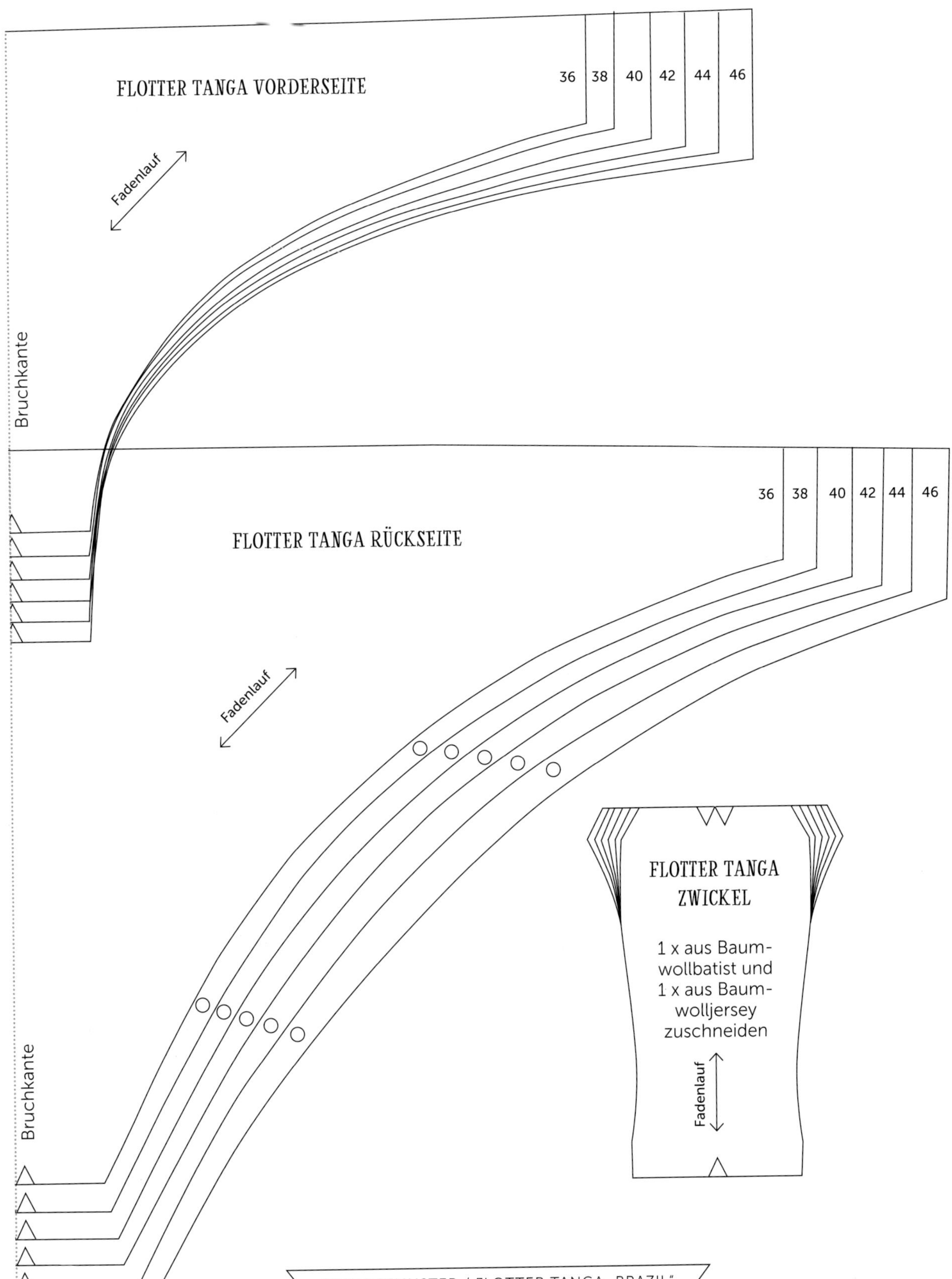

SCHNITTMUSTER / FLOTTER TANGA „BRAZIL"

SEIDENSCHAL WIRD HÖSCHEN

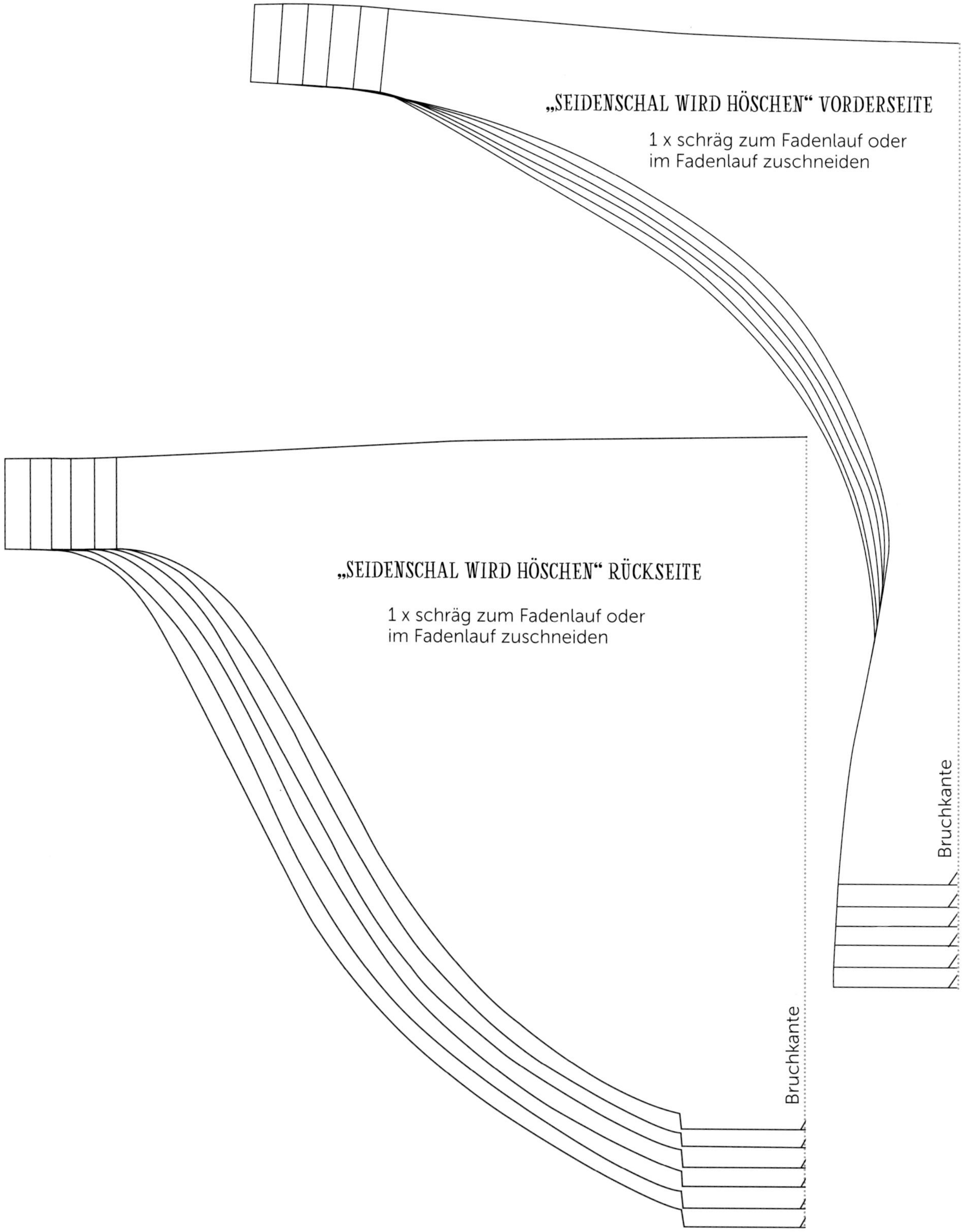

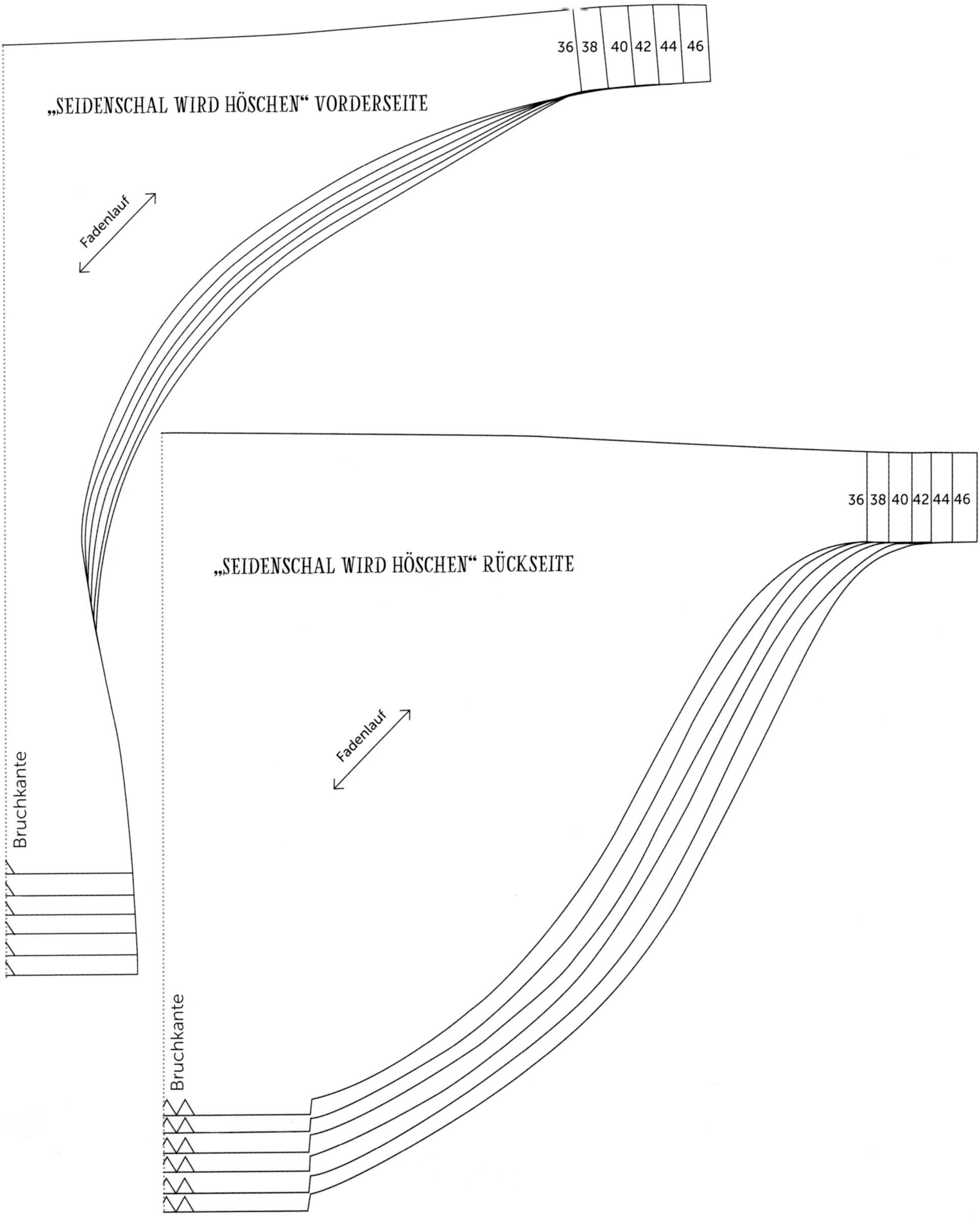
„SEIDENSCHAL WIRD HÖSCHEN“ VORDERSEITE
36 38 40 42 44 46
Fadenlauf
Bruchkante
„SEIDENSCHAL WIRD HÖSCHEN“ RÜCKSEITE
36 38 40 42 44 46
Fadenlauf
Bruchkante

Über uns

Delia und Erika haben sich während des Studiums der Bekleidungstechnik 2002 kennengelernt. 2004 begannen sie, ihre eigene Kinderkollektion herauszubringen, die sie „Flo-Jo" nannten, nach ihren Kindern Florence und Jonah, denn die waren die besten Freunde und die perfekten Models! Dann begannen die beiden, Kleider im Stil der 1950er-Jahre und die dazupassende Unterwäsche zu schneidern. Sie nähten Seidenhöschen mit Schleifchen und unglaublich gerüschte Stücke im Burlesque-Stil.

Der Flo-Jo-Stand war ein Stammgast bei Messen und Festivals. 2010 kreierten sie ihr originales Höschen-Nähset und mit steigender Nachfrage verkauften Sie die Nähsets auch im Großhandel. Sie wuchsen bald aus ihrem kleinen Studio heraus und eröffneten ihren Laden in der berühmten Hauptstraße für Indipendentlabels in Bristol, der Gloucester Road.

Ihr kunterbunter Stoff- und Kurzwarenladen ist auch eine pulsierende Werkstatt, wo Nähkurse und -partys stattfinden. Flo-Jo bietet auch andere Nähsets an, deren Anzahl stetig steigt.

www.flojoboutique.co.uk

Wir danken ...

Rose May, Finn Kay, Diana Child, José Peto und Florence, Jonah und Django für all ihre Unterstützung und Inspiration.

Bezugsquellen

WÄSCHEGUMMI, ELASTISCHE SPITZE UND STRETCHJERSEY

www.flojoboutique.co.uk

www.stoffschwester.at

www.stoffe.de

LIBERTY TANA LAWN BAUMWOLLBATIST

www.liberty.co.uk/Online

www.flojoboutique.co.uk

STRETCHJERSEY

www.artgalleryStoffe.co.uk

www.flojoboutique.co.uk

www.buttinette.at

www.stoffschwester.at

www.stoffe.de

NÄHZUBEHÖR

www.stitchcraftcreate.co.uk

www.buttinette.at

www.stoffschwester.at

www.stoffe.de

Umschlaggestaltung: DSR – Werbeagentur Rypka, A-8143 Dobl/Graz
Titelbild: Jason Jenkins
Bildnachweis: Jason Jenkins

Titel der englischen Originalausgabe: Delia Adey & Erika Peto: Knickers! 6 sewing patterns for handmade lingerie including French knickers, cotton briefs and saucy Brazilians,

Aus dem Englischen ins Deutsche übersetzt von Nina Schön.

Bibliographische Information der Deutschen Nationalbibliothek
Die Deutsche Nationalbibliothek verzeichnet diese Publikation in der Deutschen Nationalbibliographie; detaillierte bibliographische Daten sind im Internet über http://dnb.d-nb.de abrufbar.

Hinweis:
Dieses Buch wurde auf chlorfrei gebleichtem Papier gedruckt. Die zum Schutz vor Verschmutzung verwendete Einschweißfolie ist aus Polyethylen chlor- und schwefelfrei hergestellt. Diese umweltfreundliche Folie verhält sich grundwasserneutral, ist voll recyclingfähig und verbrennt in Müllverbrennungsanlagen völlig ungiftig.

Auf Wunsch senden wir Ihnen gerne kostenlos unser Verlagsverzeichnis zu:
Leopold Stocker Verlag GmbH
Hofgasse 5 / Postfach 438
A-8011 Graz
Tel.: +43 (0)316/82 16 36
Fax: +43 (0)316/83 56 12
E-Mail: stocker-verlag@stocker-verlag.com
www.stocker-verlag.com

ISBN 978-3-7020-1655-5

Satz: DSR – Werbeagentur Rypka, A-8143 Dobl/Graz

Printed in China